PEDRO TIERRA

PESADELO

NARRATIVAS DOS ANOS DE CHUMBO

Pesadelo

Narrativas dos anos de chumbo

Pedro Tierra

2024

AUTONOMIA LITERÁRIA

FUNDAÇÃO Perseu Abramo
Partido dos Trabalhadores

Fundação Perseu Abramo
Instituída pelo Diretório Nacional do Partido dos Trabalhadores em maio de 1996.

Fundação Perseu Abramo

Coordenação editorial: Rogério Chaves
Assistente editorial: Raquel Maria da Costa
Preparação editorial: Angélica Ramacciotti
Revisão: Cláudia Andreoti
Projeto gráfico e diagramação: Caco Bisol
Ilustrações: Elifas Andreato

Fundação Perseu Abramo
Rua Francisco Cruz, 234 Vila Mariana
04117-091 São Paulo – SP
www.fpabramo.org.br
f: 11 5571 4299

Autonomia Literária

Coordenação editorial
Cauê Seignemartin Ameni, Hugo
Albuquerque e Manuela Belonil
Capa: Rodrigo Correa
Ilustração da capa: Elifas Andreato

Autonomia Literária
Rua Conselheiro Ramalho, 945 Bela Vista
01325-001 São Paulo – SP
https://autonomialiteraria.com.br
f: 11 98237 3701

Dados Internacionais de Catalogação na Publicação (CIP)

T564p Tierra, Pedro.
Pesadelo : narrativas dos anos de chumbo / Pedro Tierra. – 2ed – São Paulo
: Autonomia Literária : Fundação Perseu Abramo, 2024.
164 p.
Contém ilustrações de Elifas Andreato

ISBN 978-65-5626-161-4 (Fundação Perseu Abramo)
ISBN: 978-85-69536-60-4 (Autonomia Literária)

1. Literatura brasileira 2. Ditadura - Brasil 3. Tortura
I. Título II. Tierra, Pedro III. Andreato, Elifas (il.)
IV. Silva, Hamilton Pereira da

(Bibliotecário responsável: Eduardo Fahl – CRB/8 6387)

SUMÁRIO

AGRADECIMENTO

O desenho da capa e as ilustrações foram produzidas pelo talento, pela sensibilidade e pela coragem de Elifas Andreato. Sua generosidade permitiu que elas viessem vestir essas narrativas, quarenta anos depois. Foram produzidas durante os anos de chumbo ou para dar forma, figura e testemunho dos tempos bárbaros que vivemos.

UMA PALAVRA AO LEITOR A PROPÓSITO DE UM PESADELO DE 60 ANOS.

Ninguém está interessado em remoer o passado. Os que torturaram, assassinaram e despareceram com os corpos dos opositores da ditadura, querem esquecer o que fizeram naqueles anos.

Os sobreviventes tampouco. Afinal vivemos uma espécie de *presente circular* que sempre repõe diante dos nossos olhos – e dessa *"falta que ama"*, a face tenebrosa dos crimes que as instituições desejam ocultar.

O que exigem os setores democráticos é a efetivação das medidas cabíveis, pertinentes ao Estado. Elas não são muitas. As 29 recomendações da Comissão Nacional da Verdade, entre elas a conclusão das buscas dos mortos e desaparecidos, que nos vigiam desde a sombra dos sonhos pelos quais foram sacrificados, já seriam um avanço considerável, que permitiria ao país *"virar a página"*.

E, a partir daí, reconstruir o caminho da democracia, liberto de uma vez por todas, dos fantasmas que nos atormentam sempre que a oportunidade se ofereça, como ocorreu no 8 de janeiro de 2023.

Não há como obscurecer os vínculos diretos entre os fatos de 8 de janeiro e os defensores e herdeiros diretos do golpe de 1º de abril de 1964. Não temos o direito de renunciar à memória. O poeta seguirá sendo o espinho cravado na consciência da tarde.

Em 1º de abril de 2024.

Pedro Tierra

ADVERTÊNCIA

O círculo perfeito: as tiranias no Brasil, ora nos perseguem, ora se anunciam. Ora vestem fardas, ora envergam togas. Ainda não conseguimos contar e sepultar os mortos daquela que anoiteceu o país por 21 anos e seus herdeiros já arrombam nossa porta. De tal modo que não estou seguro sobre se as narrativas que lhes ofereço nestas páginas serão relatos do já vivido ou premonições sobre o destino que nos aguarda. Trata-se de textos urdidos pela imaginação. Narrativas de lutas, traições e culpas. De vidas e mortes. Num país onde a história se tece com os fios da própria ficção, pode ser que algum leitor as tome como verdade.

Brasília, outubro de 2018.

Pedro Tierra

P E S A D E L O

CONVERSAÇÃO SOBRE PESADELOS

COMEÇO PELO TÍTULO. POR QUE "PESADELO"?

O Brasil é um país que anda em círculos. E somos frequentemente acossados por pesadelos, mais ou menos duráveis. Ninguém, em sã consciência, poderia prever a extensão do desastre para onde nos encaminhamos a partir de 2016 com a violação da Carta de 1988 e a derrubada da presidenta Dilma, eleita em 2014. Embora os sinais fossem por demais evidentes. E alguns de nós tivéssemos a convicção – a partir da experiência vivida – do reduzido apreço das oligarquias brasileiras pela democracia. Esse livro foi escrito nos últimos três anos. Nasceu de uma premonição. Sem lhe dar importância, insistia em afastá-la, mas ela voltava. Algo assim, você olha em torno, lê, apalpa e percebe: eu já passei por esse lugar ou, já vivi esse momento, ainda que com ligeiras modificações de ênfases e personagens... Sigo vivendo num país que não cultiva memória –, portanto, sempre corre o risco de repetir suas tragédias – então bate à minha porta o poeta Vladimir Maiakovski e o *mandato social* que formulou durante o vendaval da Revolução de Outubro e me convoca a escrever, a pôr no papel as premonições como sinal aceso sobre os caminhos que abriremos com nossos próprios pés...

DEPOIS DE ALGUNS ANOS VOCÊ VOLTA A ABORDAR TEMAS RELATIVOS AOS "ANOS DE CHUMBO". AINDA HÁ ALGO A DIZER SOBRE O PERÍODO, ALÉM DO QUE JÁ FOI DITO?

Penso que há ainda muito mais a dizer sobre aquele período do que já foi dito. As zonas de sombra predominam sobre as que foram esclarecidas pelas abnegadas pesquisas e buscas de familiares, militantes, jornalistas, historiadores. Então, o escritor é chamado a dizer por meio da ficção a verdade que o relatório, o boletim, o depoimento não capturam. Por isso a criação literária adquire uma dimensão de testemunho histórico que os memorandos burocráticos não alcançam. Assim, a responsabilidade e o compromisso do escritor com o que escreve assumem uma condição definidora de sua própria existência como agente social e como artista. Desse modo, o escritor se liberta da solidão do ato de escrever, como testemunha, para integrar-se nessa incessante busca das sociedades e das culturas: decifrar, e não raras vezes denunciar, o sentido ou o sem sentido das tiranias que atormentam a história humana.

AFINAL, NUMA LEITURA HISTÓRICA, QUAIS AS SEMELHANÇAS E AS DIFERENÇAS ENTRE O GOLPE DE ABRIL DE 1964 E A SITUAÇÃO QUE O PAÍS VIVE HOJE E O QUE A LITERATURA TEM A VER COM ISSO?

Abro o "Pesadelo" com uma Advertência: *"O círculo perfeito: as tiranias no Brasil ora nos perseguem, ora se anunciam. Ora vestem fardas, ora envergam togas..."*, nas primeiras linhas. As formas como o autoritarismo patriarcal do senhor de escravos, do senhor de engenho e seus herdeiros se expressam na sociedade brasileira são cambiantes e extraordinariamente eficientes. O exercício quotidiano converteu-as em cultura, cristalizou-as em costumes e comportamentos, basta verificar sua permanência que já dura mais de cinco séculos... Os setores populares que se opõem a ela padecem de um mal crônico: golpeados, em geral, por uma repressão feroz, não conseguem preservar e garantir o acúmulo das lutas anteriores. Rompe-se assim o laço entre uma geração de lutadores e a geração seguinte. Resultado: estão, não raro, condenados a recomeçar do zero...

A primeira semelhança entre 1964 e 2018 é o bloco de forças que se formou para voltar ao governo em duas etapas: o golpe de 2016 e a eleição tutelada de 2018. São os mesmos personagens: os mesmos interesses, os mesmos segmentos sociais e, em alguns casos, até as mesmas famílias. O que revela a persistência da cultura autoritária de que falava há pouco. A segunda é brandir o discurso anticorrupção, para esconder a chaga da desigualdade social. Igualmente cínico como o de cinquenta anos atrás. A terceira é a retórica nacionalista mais superficial, mais inconsistente e mais desmentida pelos fatos: as políticas de entrega dos recursos naturais (petróleo, minerais, águas, ativos florestais...), a empresas estrangeiras; nas relações internacionais, alinhamento automático e submisso ao Departamento de Estado. A lista seria longa.

Vamos às diferenças: em 1964 eles vestiam farda. Foi um ato explícito de força. Em 2016 eles vieram vestidos de negro. Envergaram togas. Em nome da plutocracia moveram o aparato judicial para criar o ambiente propício, violar a Constituição e impedir a presidenta eleita legitimamente. E ela foi derrubada numa farsa histórica, caricatural, por um Congresso desmoralizado aos olhos da sociedade, mas útil para impedir que o país chegasse às eleições previstas para 2018 com os setores populares ainda em situação de vantagem para alcançar o quinto mandato consecutivo.

Em seguida prenderam o Lula, o candidato que liderava todas as pesquisas de opinião, para a presidência da república. Dessa vez os militares não utilizaram tanques, preferiram tutelar o processo eleitoral para impedir a vitória das esquerdas. Menos desgastante. E ainda salvaram as aparências. O que tem a ver a literatura com tudo isso? Tudo.

Deve exercer seu papel crítico. Ser um sinal de contradição. Não renunciar ao pensamento. Posicionar-se contra a vulgaridade fascista que toma conta do país, contra as simplificações e contra a manipulação criminosa das massas de trabalhadores por todos meios, métodos e instituições empresariais ou confessionais... E resistir.

Apostar numa narrativa de resistência a partir do registro simbólico – na poesia, no romance, na música, no teatro, no audiovisual – das condições concretas da vida do povo, da gente que vive, sobrevive numa situação aparente de guerra de todos contra todos, mas, no final das contas, trata-se de uma guerra contra os pobres, os jovens, os negros, as mulheres, os vulneráveis de sempre, os LGBTs, contra quem se move a máquina repressiva do Estado.

O QUE CHAMA DE LITERATURA DE RESISTÊNCIA?

Toda tirania gera no seu exercício explícito ou dissimulado o impulso, a força que um dia a lançará por terra. A literatura, com seu arsenal de símbolos, contribui para gerar consciência sobre as situações opressivas. A boa literatura incomoda, denuncia, sacode cadeias... é necessário sacudir cadeias. Para lembrar Rosa Luxemburgo: *"Quem não se movimenta, não sente as correntes que o prendem"*.

Se for capaz de comover, se for capaz de produzir consciência, a literatura cumprirá seu papel de auxiliar a resistência às tiranias. O passo seguinte não pertence a ela, pertence aos movimentos sociais que organizam, tarefa extremamente complexa, a ação dos oprimidos. À literatura compete narrar para além do simples relato a ação que brota da experiência e das vontades coletivas.

NÃO É APROXIMAR DEMASIADO A CRIAÇÃO LITERÁRIA DA LUTA POLÍTICA EM PREJUÍZO DA PRÓPRIA LITERATURA?

Escrever em situações de opressão é sempre um risco. Porque todo ato de criação é essencialmente um ato de liberdade. Dito de outro modo: a liberdade é o fundamento primeiro de todo ato de criação. Por isso é confundida – e combatida pela ordem – como transgressão. Foi para deter essa capacidade de criação que os nazistas queimaram 20 mil livros em Bebelplatz, Berlim, em 1933. Não conheço a lista dos títulos consumidos pelas chamas, embora, considerando o prodigioso talento dos alemães para organizar tudo que fazem, é possível que ela exista. Consta que ali foram queimados livros de Sigmund Freud, Karl Marx, Stefan Zweig, Thomas

Mann... que depois de 1945, com a derrota da tirania nazista, foram reconhecidos como grandes obras da psicanálise, da economia e ciências sociais, da novela, do romance...

Esse registro é para falar dos riscos de quem, com seu trabalho quotidiano, cria cultura dentro de uma sociedade em conflito e exerce seu ofício diante da força repressiva do Estado. Hoje o exerce na condição de resistência e rebeldia diante da força tirânica do capital. O capital opera a produção industrial do medo, a insegurança como regra para quem vive do trabalho e exibe novamente, como no fim do século XIX, a truculência do Estado a seu serviço.

A outra face do risco diz respeito apenas ao próprio escritor, sua atitude e compromisso diante do seu ofício. Leio um parágrafo de André Gide que nos traz o argentino Ernesto Sábato nos seus comentários reunidos no pequeno volume "O escritor e seus fantasmas" (1963): "*A coisa mais difícil quando se começa a escrever, é ser sincero. Será preciso sacudir esta ideia e definir o que é sinceridade artística. Eu acho isto, provisoriamente: que a palavra jamais precede a ideia. Ou melhor: que a palavra seja sempre uma necessidade para ela; é preciso que ela seja irresistível, insuprimível, e o mesmo vale para a frase, para a obra inteira. E para a vida inteira do artista, é preciso que sua vocação seja irresistível, que ele não possa não escrever.*"

A DITADURA VARGAS TEVE EM "MEMÓRIAS DO CÁRCERE" (1953) UM DURADOURO TESTEMUNHO DE DENÚNCIA. POR QUE PARA OS "ANOS DE CHUMBO" ENTRE 1964 E 1985, APARENTEMENTE A LITERATURA BRASILEIRA NÃO PRODUZIU ALGO SEMELHANTE?

Graciliano Ramos construiu uma obra singular. Uma das mais significativas escritas em Língua Portuguesa. Leio uma página de Graciliano e tenho a impressão de que ela não foi escrita, ou melhor, foi escrita a canivete. Cortada, entalhada na madeira como um artesão nordestino recorta a matriz de uma xilogravura que depois será impressa no papel...

Penso em "Memórias do Cárcere" para nós brasileiros, habitantes desse país que se move em círculos: a experiência narrada data de 1936, durante a ditadura Vargas, que duraria mais nove anos. As notas ficariam guardadas, trabalhadas na carpintaria oculta de Graciliano até se organizarem num testemunho. O mais alto testemunho do que fora a vida dos prisioneiros nos tempos sombrios do Estado Novo. Como toda grande obra literária, "Memórias do Cárcere" vai além do factual, do pitoresco. Mergulha em águas profundas beneficiadas pelo amadurecimento do escritor, pelo domínio técnico sobre a narrativa, pelo tempo que levou para chegar à forma definitiva. Não nos enganemos, a forma aqui é conteúdo.

Essa unidade permite a "Memórias do Cárcere" alcançar o critério indispensável que caracteriza a grande literatura.

O ditador deposto em 1945 por seus próprios amigos, se retirou para o recesso de São Borja e elegeu um general seu sucessor. Cinco anos depois voltou ao governo, agora por meio de eleições democráticas. Uma dança das cadeiras... A primeira edição de "Memórias do Cárcere" foi publicada em 1953, por José Olímpio, quase duas décadas depois dos fatos que narra. Graciliano não chegou a vê-la impressa. Falecera meses antes. Fatalmente aquele registro ganhara novos significados, por se tratar de uma poderosa denúncia contra a tirania da década de 1930.

Vargas, por seu lado, realizava um mandato democrático e nacionalista sob forte pressão da imprensa reacionária, da reação das companhias de petróleo à criação da PETROBRAS e, naturalmente, de um fator que desestabilizava, como hoje, qualquer governo dotado de um projeto de desenvolvimento autônomo na América Latina: a existência de uma embaixada dos EUA reconhecida em seu território... mas contava, até ali, com expressiva mobilização popular em seu favor. Resistiu mais um ano: morreria com um tiro no peito na madrugada de 24 de agosto de 1954. Um suicídio solitário e digno no Palácio do Catete. Suficiente para desmontar a estratégia de poder de seus inimigos por uma década e entrar para a História...

O que tivemos depois de 1964? Uma produção literária significativa, mas dispersa. Um número maior de escritores produzindo. A resistência inicial à tirania fardada veio por outras linguagens. Começou pelo teatro, que vivia um momento fecundo e inovador; a música ofereceu a produção de elevada qualidade, ousadia e talento de uma geração que marcou a história da música popular. Os romances vieram com Callado, "Quarup", "Reflexos do baile", "Sempreviva"; Cony, "Pessach: a travessia"; Ivan Ângelo, "A Festa"; Loyola Brandão, "Zero"; João Ubaldo, "Sargento Getúlio"; Osman Lins, "Avalovara"; Érico Veríssimo, "Incidente em Antares"; se nos afastarmos da ficção é preciso registrar Gorender, "Combate nas Trevas", um olhar agudo e doloroso sobre a trajetória da resistência à ditadura militar oferecido por quem a combateu e refletiu sobre nossos dramas do período. Aparentemente, a literatura brasileira não teve fôlego suficiente para nos oferecer alguém do porte de Graciliano Ramos logo na geração seguinte. Nenhuma literatura produz um Dostoievski e outro, logo na geração seguinte... Outros escritores refletiram e escreveram sobre outro país...

O PAPEL DOS INTELECTUAIS NO CONTINENTE, "SEMPRE OSCILANDO ENTRE A REVOLUÇÃO E A TENTAÇÃO DO SUICÍDIO..."

Salvo engano, essa expressão sobre os dramas dos intelectuais está numa página de Darcy Ribeiro. Uma figura apaixonante, criativa, construiu um olhar original sobre o Brasil e os brasileiros, encarnou como poucos nossas virtudes e nossos defeitos. Vertiginoso e anárquico. Bertha passou boa parte da vida tentando organizá-lo. Em vão... Gente como ele, que ao longo de toda a trajetória nunca renunciou ao pensamento, nutrido por uma paixão profunda pelo povo brasileiro, é indispensável para compreendermos o que há de belo e terrível no que somos. Esse é um aspecto fundamental do trabalho dos intelectuais: manter a independência de espírito e redesenhar continuamente os códigos para decifrar nossos comportamentos, nossas perspectivas como povo.

O intelectual identificado com a necessidade de transformações sociais, será sempre presa dessa angústia de fazer parte de algo que remete a sonhos coletivos, a vontades coletivas. Talvez para compensar a doença profissional da solidão. Para muitos, essa doença resvala para a ilusão de acreditar apenas no próprio talento...

Darcy escapou dela da melhor maneira:

> Sou um homem de causas. Vivi sempre lutando, pregando como um cruzado, pelas causas que comovem. Elas são muitas demais: a salvação dos índios, a escolarização das crianças, a reforma agrária, o socialismo em liberdade, a universidade necessária. Na verdade, somei mais fracassos que vitórias em minhas lutas, mas isso não importa. Horrível teria sido ficar ao lado dos nos venceram nessas batalhas.

Soprar a poeira, numa hora sombria como essa que vivemos, sobre o pensamento de intelectuais como Darcy me obriga encarar, ao oferecer essas narrativas dos anos de chumbo, e tratar da tortura e da abjeção:

> A mais terrível de nossas heranças é esta de levar conosco a cicatriz de torturador impressa na alma e pronta a explodir na brutalidade racista e classista. Ela é que incandesce, ainda hoje, em tanta autoridade brasileira predisposta a torturar, seviciar, machucar os pobres que lhes caem nas mãos. Ela, porém, provocando crescente indignação, nos dará forças, amanhã, para conter os possessos e criar aqui uma sociedade solidária.

PARA QUEM VOCÊ ESCREVE?

Vivo em tempos de tirania. Escrevo para quem está predisposto a indignar-se e lutar contra ela.

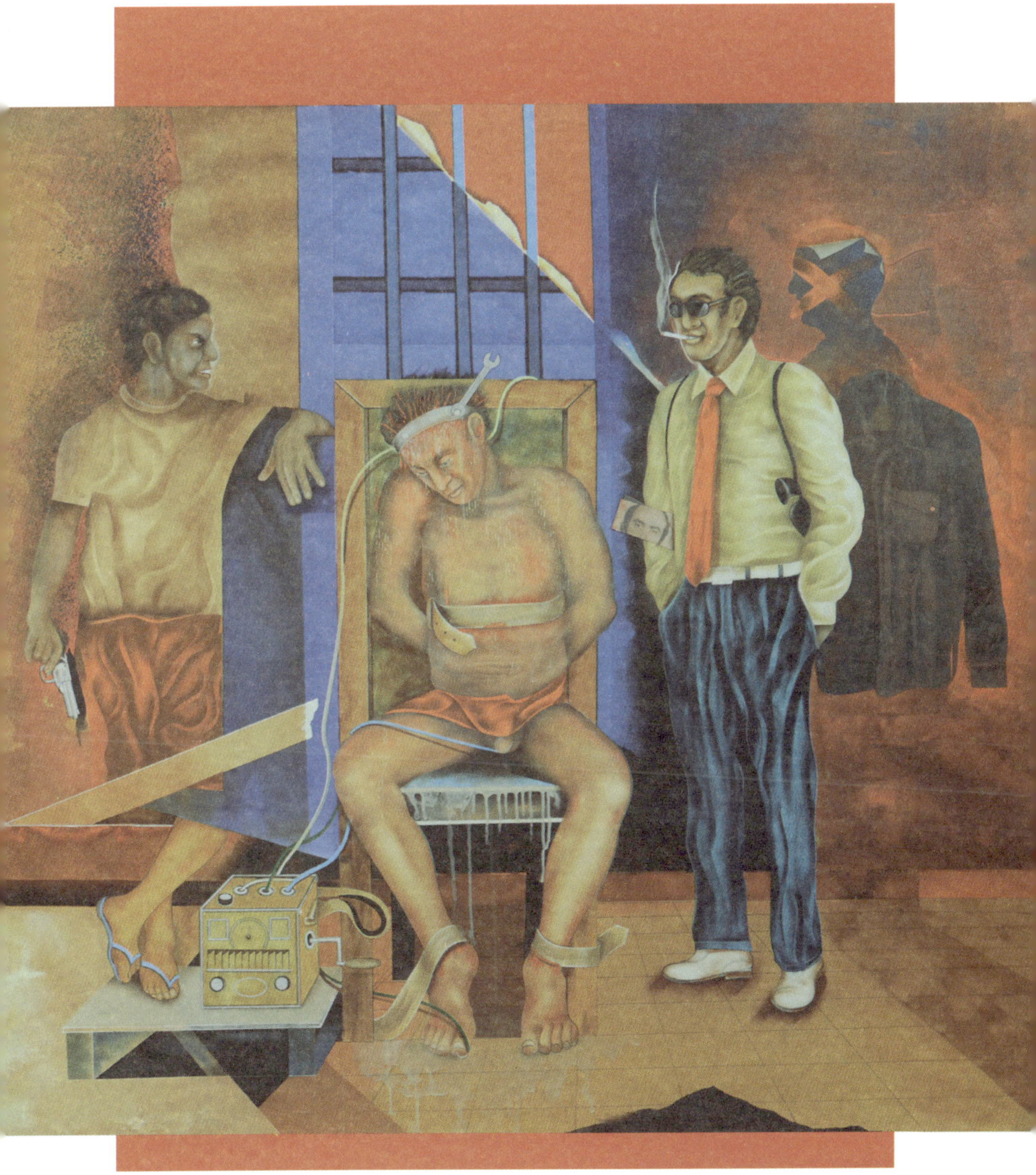

SINFONIA Nº 2

I.

PRIMEIRO MOVIMENTO: *ALLEGRETTO*

Os acordes da Sinfonia nº 2, do finlandês Jean Sibelius, penetravam as têmporas como facas incandescentes. Afiladas por uma luz fria, seca, mortal. Queimavam o cérebro. Suspenso no ar por um cano entre dois cavaletes de madeira. Cotovelos e joelhos, dobrados. (O corpo em concha como o de um feto tardio que realiza o esforço final para se libertar da placenta que o mergulha e arrebentar o ventre, agora inútil, que o cerca. E nascer. Ainda que seja para a morte).

Gritos sobre gritos. A algaravia ensurdecedora não abria espaço para respirar ou distinguir de onde viria o próximo golpe. Madeira e choques. Madeira e choques. Baldes d'água. Os fios desencapados percorrendo o corpo, como se exercitassem à fogo o arabesco de uma tatuagem. Pelas narinas subindo o cheiro de pele tostada.

Colhido pela tormenta, sob um capuz verde-oliva, a essa altura encharcado de vômito, ouvia vagamente: *"esse só entende em Dó Maior"*. O sussurro atava uma ordem de execução imediata: a velocidade da manivela acelerava o dínamo e do cérebro saltavam fagulhas contra a calota do crânio, sob a artilharia dos relâmpagos. O volume do som elevava o espesso tecido da sinfonia acima dos gritos repetidos como um martelo sobre a madeira dos ossos: *"Ponto e aparelho! Ponto e aparelho!" "Meu nome é Carlos!"* (Como constava do documento de identidade). *"Sou vendedor de rodas de liga leve. Meu nome é Carlos! Sou vendedor..."* repetia circular. Até mergulhar na insensibilidade e na escuridão. O colapso dos sentidos. O balde d'água na cara. O gosto salgado de sangue: a língua retalhada pelos incisivos. E o recomeço ... *"Ponto e aparelho! Ponto e aparelho!"* E a resposta mecânica: *"Meu nome é Carlos!"* (Como constava do documento de identidade). A primeira noite. Depois: a sede feroz, descendente de todos os desertos.

Não guardava ideia de como viera parar nesta cela: um retângulo frio. Dois metros e meio por um e vinte. Completamente nua. Sem colchão. Com uma privada turca ao fundo. Primeiro dia. E o recomeço... O capuz verde-oliva. A sala escura. A Sinfonia nº 2 de Sibelius, o dínamo, os jacarés presos, nas orelhas, nos testículos, entre os dentes. Gosto de vidro quebrado a cada descarga elétrica. A jornada vertiginosa, sob a luz cega dos refletores. Circular. Suspensa. Interminável.

O prato de comida farto, intragável, retorna intocado. Segundo dia. Um dia a mais. Novamente a noite, com seu cortejo de assombros. Do terceiro dia? Quantos? Dissolvida a noção de tempo. O exercício da dor buscando comandar os reflexos. A produção da dor operando sua metódica destruição. Até me reduzir a ossos e medo. Outro dia. Outra noite? As mesmas perguntas quebram o silêncio feito marretas. Sob o capuz, não se percebe de onde virá o próximo golpe. O corpo é todo tensão. Como o arco de um violino. *"Tua carne será apenas tua dor"*, repito comigo o que um dia se converterá em verso. O silêncio se recompõe. Súbito. Como se respondesse a um comando invisível. A volta da Sinfonia nº 2, em Ré Maior, de Sibelius, vim a saber anos mais tarde, repetida a toda altura, como se atada às mãos de um maestro enlouquecido que não manejasse a batuta do regente, mas alucinadamente a manivela do dínamo. Horas sobre horas, noites sobre noites: até imprimir os acordes na medula da alma.

II.

SEGUNDO MOVIMENTO: *ANDANTE MA RUBATO*

À luz do dia, dias mais tarde. Quantos? Horário de expediente: *"Aqui trabalhamos dentro da lei. Nada antes das oito da manhã nem depois das seis da tarde"*, me informa o interrogador que tomará o depoimento formal, de cartório. Reconheço no acento da voz, o sussurro: *"Esse só entende em Dó Maior..."*, durante noites seguidas, registro. Falamos sobre o país. *"Nossos objetivos são os mesmos. Os métodos é que são diferentes..."*, ouvi. Anos mais tarde pus num verso: *"É inútil falar aos inimigos, / quando os inimigos são fortes". "Quem é seu herói?" "Não tenho heróis". "Um líder político que o senhor admira?" "Ho Chi Minh". "Que qualidades admira nele?" "'Flexível como o caule do junco sob a tempestade', como gostava de se definir. Frágil, venceu dois impérios: França, Japão, França pela segunda vez.*

Vencerá o terceiro: os Estados Unidos". Sorriu, cético. *"Admiro Mustafá Kemal Ataturk. Fundador da Turquia moderna". "Sobre os ossos dos Armênios"*, pensei. Naquele período circulavam rumores sobre a constituição dentro das Forças Armadas, de um grupo de jovens oficiais que se opunham ao mando dos coronéis e generais que haviam liderado o golpe. Os "Jovens Turcos", se denominavam. Estava diante de um. Refinado. Usava ouvir música sinfônica enquanto comandava sua equipe de mãos de ferro a espancar os interrogados. Sobre objetivos e métodos, meu corpo me avisava que não diferiam daqueles usados pelos oficiais superiores a quem se opunham...

"Sua organização é um equívoco. Você se imagina socialista, mas não é. Não somos o que imaginamos ser. Somos o que fazemos. Sua organização é anarquista. Aderiu ao terrorismo. É mais herdeira de Bakunin do que de Karl Marx. Não construiu base social. Quem na sociedade apoia suas ações? Ninguém. Por isso, nós vamos destruí-la. É questão de tempo. O Estado tem maior capacidade de produzir terror na sociedade do que uma organização clandestina. Vocês usam técnicas do século XIX. Foram ultrapassadas. Estamos no fim do século XX. Trata-se de uma ciência. Produzir o medo em escala social, não é assunto para amadores. Nós aprendemos como fazer isso". "Na Escola das Américas?" "Não importa onde. Posso dizer que aprendemos mais com vocês..." Muda o rumo da prosa.

"Gosta de música?" Um relâmpago me percorre a medula: *"Não tanto quanto o senhor. Somos o país da música. Temos*

uma música popular vigorosa". "Não me refiro à música popular". "Estudei em Seminários católicos. Aprendi a apreciar Bach, Vivaldi, Beethoven, Verdi...". "Sibelius?" "Não conheço". "A música eleva o espírito". "E o corpo, digo, Entre dois cavaletes...". "A noite não me pertence", esquivou-se.

III.

TERCEIRO MOVIMENTO: *VIVACÍSSIMO*

Anos mais tarde encontrei uma das chaves que tornou possível o desfecho dessa narrativa. A Sala de Concerto não lotou, mas contava com um público digno. Um repertório de românticos: Liszt, que me encantara na adolescência com a "Rapsódia Húngara nº 2", Carlos Gomes, a Abertura (Alvorada) de "Lo Schiavo" e, por fim... Sibelius, Sinfonia nº 2, em Ré Maior...

Aos primeiros acordes da Sinfonia, uma fisgada na medula, como se um cálculo renal girasse sua roseta de cristais na linha interna da cintura e o suor emergisse do cerne do corpo para os poros até empapar a camisa. No corredor curto até a porta dos "Senhores", o mosaico do piso ondulava, sob meus pés, ameaçando ceder no próximo passo. O percurso me pareceu interminável. O vaso branco, o vômito, o alívio. Tempo e tempo. Mais suor, a lassidão do corpo e o silêncio de um "cello" depois do concerto.

Aparentemente não havia uma grama de racionalidade, na reação do corpo. Dissociados do ambiente das câmaras de tortura, dos anos de chumbo, os acordes da Sinfonia permaneceram impressos nos sentidos como uma pirogravura na fibra dos nervos. Como se a memória da pele, dos ossos, dos ouvidos que vincularam definitivamente a linha melódica à dor, das retinas que se recusam tantos anos depois a adormecer sob a luz acesa, guardasse nos seus escaninhos, adormecida, para além de qualquer razão política, uma secreta vontade de vingança.

A rua me recebeu com uma rajada de ar frio e sujo. Inverno, menção de garoa noturna, numa calçada de abandonos. No centro velho e maltratado da metrópole, onde os homens temem os homens em cada esquina. Uma caminhada cambaleante, mas breve, um banho para lavar a dor, o suor e o gosto amargo da bílis. Uma cama em hotel modesto. E a insônia. Os acordes da Sinfonia golpeando a vigília, madrugada adentro. A procissão de fantasmas a percorrer labirintos sem solução. Sem saídas. Sempre o muro espesso. Incontornável. Meus mortos, meus sobreviventes. O rumor dos ossos que arrasto à minha passagem. Quem de nós está morto? Quem sobreviveu? Se somos a sombria metade de nós? Que parte de nós afinal, sobreviveu?

No dia seguinte entrei numa loja especializada em instrumentos musicais e acessórios. Encantado com o polido silêncio da madeira, o brilho dos metais que guardam em si a possibilidade de tocar, de forma sublime ou devastadora, a alma humana. A partir daí passei a carregar no bolso do casaco uma corda de violoncelo. Sem um objetivo preciso. Talvez acalentasse apenas o desejo de não abolir da memória a Sinfonia nº 2. Talvez para me reconciliar um dia – se viesse a decifrá-lo – com o trágico enigma da Sinfonia de Sibelius e como ela desembarcou em minha vida.

IV.

QUARTO MOVIMENTO: *FINALE-ALEGRO MODERATO*

Emparedada entre dois impérios, o Normando e o Russo, a terra dos mil lagos – sua gente singela e tenaz, camponeses daquelas solidões geladas, afeitos aos ciclos da natureza, à observação do tempo e sua melancolia – fora construindo sua percepção do ambiente e de si mesma, sua identidade, símbolos, sua maneira própria de organizar a vida e dizer o mundo – em voz alta ou sussurrada – ainda sem escritura própria, e mais tarde, em sua língua extraída, quem sabe, da gramática imposta por sucessivas guerras de ocupação, ao longo dos séculos.

Penso no quotidiano de um homem conservador, como outros românticos antes e depois dele, a produzir partituras solenes e dar forma ao espírito de uma nação. Jean Sibelius viveu e compôs sua obra sinfônica sem se afastar de *Ainola*, seu lugar. Concebido por ele. Sobre o Lago Tuusula. Em Järvenpää. Entre bétulas, pinus, ventos gelados, olmos, abetos, pássaros migradores, neve – o álcool assíduo – silêncio, família: um mundo sólido e circular. Defendido do mundo real, em transe, despedaçado pela Revolução de Outubro e pela Grande Guerra, que haveriam de ser as parteiras da independência e da república da Finlândia, que seu sentimento nacional desde sempre acalentara.

E procuro imaginar os tortuosos caminhos que sua composição sinfônica percorreu até alcançar, setenta anos depois, a sensibilidade (?) – o coração (?) – de um obscuro oficial de informações a serviço de uma tirania tropical, imposta sobre um país remoto, monstruoso e fascinante.

Talvez apenas a solenidade da composição tenha tocado o jovem oficial em início de carreira, empenhado em comandar interrogatórios de opositores do regime. Ou os longos trechos descritivos, como se a sinfonia o conduzisse pela paisagem gelada, distante, heroica, dissolvida na bruma. E, logo, o salto, o contraste da suavidade com os momentos de explosão metálica, adiante essa minuciosa alternância dos movimentos que submete a atenção de quem ouve, o tenha comovido.

Talvez, para além da sinfonia, tenha se estabelecido uma razão de natureza política, a identidade com uma nação oprimida que vem à luz, pela música, para afirmar-se. Ou as conhecidas simpatias da cúpula do Terceiro Reich pela obra do compositor finlandês. Não é impossível que aquele adepto dos *Jovens Turcos* brasileiros, admiradores de Kemal Ataturk, percebesse na composição de Sibelius um impulso que o elevava acima das contingências do seu cotidiano. E, de alguma forma, o redimia do ofício bárbaro de moer a pancadas seus prisioneiros até reduzi-los a ossos e medo. Para extrair informações.

Ensinam os primitivos observadores da mente humana que a construção da memória se nutre de relações. É possível intuir que o capitão reproduzia certa dose de prazer indefinível, ao regressar para a Vila dos Oficiais, para sua família, ao fazer girar em 33 rpm, o LP da *Deutsche Grammophon* para ouvir a Sinfonia. O que o move? O prazer de repassar a cena de um corpo inerme a seus pés, prolongado pelos acordes da música nessa hora tardia, quando todos dormem? Ou a busca de informações? Esta, sujeita a vitórias e derrotas, conforme a resistência do interrogado. Sua obscura contribuição às forças da ordem, empenhadas numa guerra subterrânea, contra uma juventude subversiva, desavisada, manipulada por ideologias estranhas?

Trinta anos depois, no extenso ocaso desta estação de poeira e estanho que baixa sobre o planalto, caminho entre as árvores de um parque, há menos de três mil metros da área militar onde se deu o surpreendente encontro que lhes ofereço nesse registro. Árvores retorcidas, esculpidas pela aridez e a vertiginosa oscilação da temperatura do cerrado. Um parque amplo, cultivado para o lazer de pessoas que desconhecem os subterrâneos que narro. Se perguntadas, dirão que trato de pessoas imaginárias, de um conflito imaginário, num país imaginário.

Convido meus fantasmas, na vã tentativa de envolvê-los – sem repetirmos as agudas reflexões do sublime marquês... – nessa busca para entender o que levou um homem a utilizar a execução de música sinfônica durante sessões de tortura. E decifrar o fascínio que exerce sobre a mente e o comportamento humano, o indeciso limite entre o prazer e a dor. Entre o meu prazer e a dor do outro. E a espessura das capas sobre capas de explicações que nos damos a nós mesmos para justificar as atrocidades que cometemos. Teria havido alguma razão para além do efeito físico de encobrir os gritos? E por que essa Sinfonia e não outra?

V.

EPÍLOGO MANUSCRITO ENCONTRADO À MARGEM DA PARTITURA

O Capitão – já não era Capitão, era Coronel reformado – foi encontrado morto. Com uma corda de violoncelo atada ao pescoço. Não se registrou no cadáver sinais de luta corporal. Se houve, o laudo ocultou. Não foi o único. Entrou para uma relação macabra de mortes inexplicadas: acidentes, suicídios, assassinatos, desaparecimentos de homens que serviram nos subterrâneos, naqueles anos de muro e medo. Terá levado consigo o vasto repertório de respostas que procuro ou simplesmente nunca foi tocado por um momento de dúvida? Feridas de morte, as grandes serpentes, nos estertores da agonia, são capazes de sufocar com seus anéis as presas retardatárias. Ainda que sejam seus próprios filhos.

Brasília, setembro de 2015.

O FILHO DO ALFAIATE

AO FILHO DO ALFAIATE, PARA QUE SEJA CONDENADO À PERPÉTUA INSÔNIA.

"Viste a morte e a morte era apenas
um homem sem sonhos" (PT).

I.

Rua do Oratório. Rua da Mooca. Rua Antunes Maciel. Rua dos Trilhos. Por ali, em outros tempos, passava o bonde. Entre as estruturas de tijolo aparente dos antigos pavilhões das indústrias de tecelagem construídas no início do século XX. Mooca: bairro operário que virou destino de setores da classe média decadente, pressionada pela crise financeira, durante os longos anos de estagnação. A memória registra as ruas estreitas, vielas, os becos, os *"caminhos de rato"*[1].

Haverá muitos relatos possíveis sobre o que aconteceu naquela manhã. Vou servir-me de um deles. Precário. Sussurrado de uma cela para outra. Pontilhado de lacunas e interrupções. Lapsos que duram dias. E exigem a cada recomeço, a árdua reconstrução com os fragmentos disponíveis que resistem na memória, para recompor o mosaico e encontrar algum sentido que explique a fria arquitetura daquela tragédia.

Depois das quedas na região de Moema e no Sumaré, o bairro da Mooca fora escolhido pelo comando como área mais favorável e segura para pontos e eventuais reuniões. O isolamento da guerrilha urbana contra o regime era tamanho que, em geral, as reuniões se realizavam dentro de uma Kombi em movimento... Com cinco participantes, contado o motorista.

O restaurante de esquina do português Manoel Henrique de Oliveira se oferecia à sua clientela pobre como "Churrascaria Varela". Não era. Reproduzia ali o trivial variado como milhares de outros nas zonas periféricas da grande metrópole. Na parede ao lado esquerdo da entrada, próximo ao balcão, estava afixado um cartaz com dizeres: **TERRORISTAS PROCURADOS. AJUDE A PROTEGER SUA VIDA E A DE SEUS FAMILIA-**

1. Expressão usada na guerrilha urbana para designar rotas de fuga.

RES. AVISE A POLÍCIA. Um segundo logo à frente: **TERRORISTAS PROCURADOS. ASSALTARAM, ROUBARAM, MATARAM PAIS DE FAMÍLIA. À PRIMEIRA SUSPEITA AVISE O PRIMEIRO POLICIAL QUE ENCONTRAR. AJUDE-NOS A PROTEGER SUA PRÓPRIA VIDA E A DE SEUS FAMILIARES.** E fotografias. No primeiro, quatro fotografias. Três homens e uma mulher. No segundo, oito fotografias, sete homens e uma mulher. Rostos jovens. Homens e mulheres jovens.

Quatorze de junho de 1972. Perto do meio-dia, quando os operários das oficinas daquele entorno encerram a primeira jornada e se dirigem para o almoço. Dois jovens se aproximam da mesa já ocupada por um casal. Não é difícil notar que estão armados. Pelo volume sob a camisa e pelos movimentos do corpo de quem busca disfarçá-lo.

Fazem o pedido e, enquanto esperam, avaliam a ação da DF Vasconcelos, realizada dois dias antes. Um êxito. Com a grana levantada estava assegurada a manutenção do GTA por alguns meses. A clandestinidade é cara. Poderão respirar por um período mais longo e concentrar esforços para escapar ao cerco que, todos percebem, se fecha sobre eles. A ditadura prepara as festividades comemorativas dos cento e cinquenta anos da Independência. Anuncia a inauguração da linha norte-sul do metrô para ligar Santana ao Jabaquara. Não se percebe em qualquer lugar da cidade, em qualquer lugar do país, resquício algum do que foram as manifestações de rua de quatro anos atrás. O corre-corre de 1968 é apenas uma vaga lembrança. Não se percebe nem aquela simpatia, mesmo velada, quando as ações armadas desafiavam o governo dos generais. Nas fábricas há silêncio e medo. Todos desconfiam de todos. Meu irmão é meu inimigo. A tirania alcançou o objetivo. Reina absoluta. Total.

Vinte minutos depois, o garçom traz o pedido – a feijoada da quarta-feira – a panelinha de barro, escura, envelhecida tem a cor própria do feijão que vem fervendo com as carnes, o paio, a linguiça calabresa, ladeada por um prato branco com fatias de laranja, cortadas em sol, a couve picada sem capricho, uma tigelinha de alumínio encardida, as bordas amassadas, com torresmos, outra com farinha torrada. Servem-se como se aquela fosse sua última refeição. Conversam como comem: intensamente. Movidos a ódio e esperança. Falando baixo entre um bocado e outro. Olhos atentos ao entra e sai na porta da churrascaria.

Observam mecanicamente, hábito incorporado ao quotidiano da luta urbana: o homem que se desloca das mesas do fundo e se aproxima do balcão, talvez para pagar a conta, a mulher jovem que se senta à mesa, próxima aos cartazes "Terroristas Procurados" e toma um copo d'água. O próprio português Manoel, escondido atrás do bigode espesso fitando-os. O olho do dono engordando seu negócio. Ainda permanecem ali por algum tempo. Ajustes, detalhes do que seriam as próximas ações. Não havia pontos ou referências a cumprir nas próximas horas. Não havia pressa, senão a ditada por razões de segurança: não se demorar excessivamente em espaços fechados, onde só se identificasse uma saída.

Paga a conta, os quatro se encaminham para a porta do restaurante. Bruno à frente. Olhos claros, rosto magro, grandes mãos. Sempre tenso, todo músculos. Vinte metros apenas até o fusca bege estacionado na Antunes Maciel. Entre dois outros carros, estranha. Do lado oposto da rua um Ford Corcel. Leva a mão à maçaneta, entra no Fusca, inclina-se para a direita, estende o braço para destravar a porta e escuta a voz de comando: *"Crema"!* Um hiato de segundos inexplicável e interminável. Caíram numa ratoeira. Antes que pudessem entrar no Fusca os outros três são alvejados por descargas curtas. Beretta, nove milímetros, identifica. Sente o impacto quente no pé direito e o mel vermelho escorrendo para dentro da bota, alcança a metralhadora, sob o assento, rola para a calçada rente ao chão coberto pelo carro, crivado de balas, encaixa o pente, ergue-se e dispara. Alveja os dois atiradores mais próximos. Espalha o pânico entre os demais. Rende o motorista do primeiro carro que lhe atravessa o caminho e escapa. Tem, num relâmpago, a impressão de ver um rosto conhecido atrás dos vidros do Corcel. Repassa os rostos, os movimentos das pessoas no restaurante. E os olhos do português, fixos neles enquanto comiam.

Tudo concentrado em minutos. Três corpos agonizam na rua: Yuri, Ana Maria e Marcos Nonato. Foram recolhidos e levados à esquina da Tomás Carvalhal com Tutoia, no bairro do Paraíso. Oito meses depois, o português, Manoel de Oliveira desabou na calçada da Churrascaria Varela, executado diante dos seus empregados, por um comando guerrilheiro.

II.

Outubro: a visita do invisível. O regresso do velho presídio a pequena distância do pátio onde se movem todos os dias, lenta e ruidosamente, as composições ferroviárias que servem os subúrbios da cidade e a Estação da Sorocabana, faz evaporar a tênue aragem de trégua. Passo sob o pórtico do Presídio Tiradentes, algemado, no compartimento traseiro de uma Chevrolet Veraneio C-14, sem nenhuma explicação que me permita identificar uma razão plausível para retornar a essa esquina sinistra, de onde fora retirado há duas semanas. Uma convicção emerge ditada pelo instinto e, por alguma experiência acumulada: esse retorno não anuncia confortos.

Rua Tomás Carvalhal, 1030. Esquina com a Tutoia: nada mais ameaçador, do que esse pátio vazio. Da porta por onde regresso, não percebo nenhum som. Nada que denuncie presença humana. Os que se movem em torno de mim munidos de metralhadoras Beretta, calibre nove milímetros e algemas presas ao cinto, há tempos se despediram do que restava de sua humanidade. À minha esquerda, a cela forte. Ladeada pelos X-1 e X-2, celas coletivas. Com as grades abertas. Apenas o X-3, ao fundo, tem fechada a grade. Talvez isole alguém. Não dá pra ver. À minha direita, a cela reservada às mulheres, igualmente vazia, o X-4 e o X-5. O pátio, dividido ao meio por um muro para impedir a comunicação visual entre os prisioneiros, rigorosamente vazio.

Conduzido à cela forte. Mais uma vez. Padrão conhecido: porta de dupla chapa de ferro, uma escotilha na altura do peito por onde passa a luz – quando o carcereiro está de bom humor – comida e água. Um colchão de espuma. Dobrado sobre ele um cobertor áspero e, ao fundo, a privada turca. O carcereiro não está de bom humor. Ouço na escuridão, durante algum tempo, ruídos familiares. Movimentos nas salas de interrogatórios. Alguém antecipa: *"hoje vamos ter sessão espírita!"*

A porta se abre e um capuz verde-oliva me cobre o rosto. Um par de algemas me cerca os pulsos. Concluo que vão me levar para um passeio noturno. É necessário anular qualquer referência física na percepção do preso. Essa é a regra que aprendi a conhecer. A caminhada é curta. Por si não justifica as algemas. A memória acesa avisa o corpo para o sinal do que me espera. Sob o capuz, percebo o som opaco que produz qualquer movimento dentro do contorno da sala de interrogatório que a memória registrou: já passei por aqui. Como um cego atento e treinado pela escuridão, conto as respirações. São apenas dois. Estranhamente calmos: *"O senhor cometeu um grave erro conosco. Justamente conosco, que somos uma equipe do diálogo. Da conversa. O senhor mentiu e omitiu. Pensamos que o senhor fosse uma pessoa inteligente. Não é. Estamos decepcionados com o senhor. Não se mente para o Estado Brasileiro. Para proteger terroristas. Hoje conversaremos de outra maneira.*

Uma aula de bom trato. Prolongam o silêncio, medido, calculado para produzir terror.

Sentam-me numa cadeira. Bruscos. Despido, sinto a chapa metálica do assento. A Cadeira do Dragão já é conhecida. Nessa tarde sem gritaria, metódicos, forçam os pés na trava inferior da cadeira e me atam fios em volta do pênis. Os jacarés presos nos lobos das orelhas, nas pontas dos dedos. As mãos imobilizadas por correias de couro nos braços da cadeira. E pinos entre os dentes. E giram a manivela dos dínamos. Sem economizar energia. O relâmpago no cérebro e um gosto de vidro quebrado riscando o céu da boca. A respiração cortada e a impossibilidade de gritar. O solavanco do corpo colhido pelas descargas. A mão da morte na garganta. Por quanto tempo? Impossível definir. Os choques elétricos dissolvem o contorno das horas. Nesse fim de tarde não me fazem perguntas na sala de interrogatório. *"Hoje, fizemos carinho! Amanhã você será tratado pela equipe do Dr. Flávio. Será inesquecível! Acredite!"*

Não me devolvem à cela forte como imaginava. Ou desejava. Se é possível dizer que desejava algo além da morte. Sou conduzido, ainda trôpego, às cegas, sob o capuz, escada acima até a sala do comandante. Ali opera a temível Equipe de Análise. Tibiriçá, ele próprio, arranca-me o capuz e acende o foco de luz sobre alguns mapas que me são familiares. Recolhidos na casa em que eu morava. Plantas de represas em construção para o abastecimento de água da metrópole. Por que só agora, tantos meses depois da queda, me interrogam sobre essas plantas?

Interrompe a digressão de Scheherazade que teço, não sem algum esforço, com o cérebro ainda largando fagulhas acesas pelos dínamos da sala de interrogatório. *"Levante-se e olhe para a porta"*. Evidentemente não é para ver. É para ser visto. Recebo a visita do invisível. Pressinto a urgência de decifrar a tecelagem da morte. Espessa. Inexorável? Voltamos às plantas e às minhas insustentáveis narrativas das mil e uma noites. Dois trompaços nos ouvidos e a escuridão.

Talvez tenha desmaiado. Desperto dentro do túmulo. A cela forte, quando inteiramente fechada, é um túmulo. O corpo moído, devastado pela sede. Bato forte contra a porta de ferro para reclamar água. O carcereiro Marechal não tem pressa, mas atende. Abre a porta e me aponta a torneira ao pé do muro. Sempre me impressionam as mãos enormes de Marechal. Lembram duas chaves de grifo pendendo dos pulsos. Vou até lá apesar da dor nos joelhos e tornozelos. Devo ter lavrado o couro da dobra interna contra a Cadeira do Dragão. A trava que prendia os tornozelos fez sangrar as articulações. Agora queimam e dificultam os movimentos dos pés. Bebo um rio, encho um balde de plástico e retorno à cela-forte levando na boca um gosto de água, ferrugem e vitória. Uma pequena vitória. Eu também não tenho pressa. Respiro o ar da noite nesses doze passos que me separam dela. Marechal me faz a caridade de deixar aberta a escotilha. Ou simplesmente se esquece de fechá-la. O balde d'água, naturalmente, permanece fora da cela.

Estendido no colchão, conjecturo. Em que circunstâncias terá caído? Noventa dias desde a minha queda e nenhuma pergunta sobre ele me foi feita no inferno dos interrogatórios dos primeiros dias. Concluídos os depoimentos, imaginava a audiência com o juiz, o Processo na Auditoria Militar e a espera pela inevitável condenação. As condenações independem de provas ou de depoimentos. Esse é o rito. De repente, esse regresso. A roda dos dias dá uma volta sobre si mesma e recomeço a repetir caminhos já palmilhados. Hoje, me apresentam mapas que se encontravam guardados na casa onde vivíamos, próxima da Avenida Água Fria. Por que só hoje? Fui posto de pé diante do olho mágico da porta para ser reconhecido. Por quem? Por ele? Haverá acareação nos próximos dias?

Navego noite adentro por um ambiente de paredes líquidas. Sem contorno preciso. Sem referências que orientem meus passos, busco decifrar hipóteses que me ofereçam alguma razão para esse estranho retorno, agora com novas peças para compor o quebra-cabeças enriquecido com inéditas armadilhas. Me vem uma aguda percepção e logo uma consciência de que jogo uma partida de xadrez com a morte. As possibilidades de vitória são reduzidas, avalio. Se não tivesse caído, em Anápolis, estaria na Mooca, na manhã de 14 de junho?

Para iludir as paredes que me cercam a própria respiração, invento atalhos. Preciso encontrar o caminho para emergir. Recolho os fios de minha vida tecidos pelo tear invisível da sorte ou do azar, que fazem dela, hoje, esse trapo frio, grudado na pele, manchado de sangue, urina e bílis, à espera de uma palavra ou do silêncio do filho do alfaiate.

III.

Recomponho mentalmente quadro a quadro, como quem remenda uma velha película de celulose 16 milímetros danificada pelo tempo ou pela própria memória, as imagens gravadas pelas esperanças ou pelos afetos. Pelos afetos ou pelos ódios. Sequências interrompidas pelo vazio escuro na tela das recordações. Recomeço: uma casa humilde. Numa rua humilde, a mais tortuosa daquela cidade antiga, empoeirada, imersa no calor infernal. Eterno. Uma casa humilde na mão direita de quem desce, rumo ao rio. Ali a mãe, Maria José, uma mulher seca, obstinada se desdobrava, costurando pra fora, para alimentar e educar os filhos do alfaiate. Os três permaneceram com ela depois da separação. Recebia dele uma feira semanal e as roupas para vesti-los. O primeiro já se fora para o sul, como ocorria sempre com os que concluíam o ginásio e o colegial naqueles sertões entre o Araguaia e o Tocantins: encontrar algum parente que lhes desse abrigo e alimento para cursar a universidade pública.

Por vezes, se reunia o grupo de teatro na pequena varanda voltada para um quintal de mangueiras e carambolas. Cercado por discreto carinho e uma ponta de preocupação. A mãe intuía que naquela movimentação de adolescentes germinava um perigo. Tempos sombrios: lembrava os primeiros dias do golpe de abril, o ex-marido acusado de ser comunista. Os olhares de reprovação e medo das pessoas, como se fosse uma doença contagiosa. Naqueles dias circulavam pela cidade rumores sobre reuniões de informantes do governo. Entre eles, o prefeito, o sargento do Tiro de Guerra 294, Oldemário e Varejão aviador, informantes voluntários, uma designação elegante inventada pelos gorilas para designar os alcaguetes. Os dedos-duros.

Naquele momento ele, o segundo filho, prestava o Serviço Militar obrigatório. Mulato, uma faísca no olhar oblíquo, a fala baixa. Namorava a menina mais bonita do grupo. Bom desempenho ao jogar xadrez. Amigo das contas e do cálculo. Nos ensaios do teatro se distinguia menos pelo talento, mais pela determinação. Inspirava confiança. Nos gestos, nas palavras que sabia instintivamente economizar, passava uma impressão de firmeza no que fazia. Chegou a ser escolhido para desempenhar o papel central de "O Pagador de Promessas" de Dias Gomes, encenado no palco do Colégio.

Veio se reunir, ano e meio depois, ao grupo que se refugiara em São Paulo depois da ofensiva da polícia política contra as entidades estudantis no norte de Goiás. Estabeleceu contatos próprios, talvez por indicações familiares, e arranjou um modesto serviço de escriturário numa agência do Bamerindus. O que resolvia, ainda que de forma precária, a questão da sobrevivência.

Num tempo de más notícias, não desperdiçava tempo e energia com angústias existenciais. Participava, disciplinado, do grupo de estudos. Leitura e discussão sobre Nossa Luta em Sierra Maestra, Os Diários do Che na Bolívia, Revolução na Revolução, do Regis Debray, o Minimanual do Guerrilheiro Urbano de Marighella, textos de Fidel. Queria ser médico. Achava a cidade sufocante. Desejava ir para o campo. Concordava com Debray: *"A cidade é o cemitério da Revolução"!* algo assim.

Diferentes bairros, diferentes aparelhos. Rotina de pontos, encontros, discussões, planos, viagens para reatar contatos perdidos. Acossados. O isolamento político e o cerco que se fecha exigem constantes mudanças de endereço: Rua Luís Gois, na Vila Mariana; Cristiano Viana, em Pinheiros; 13 de Maio, no Bixiga. Até chegarmos a uma pequena casa próxima da Avenida Água Fria, final da Vila Mariana, na baixada que dá para o Ipiranga. Alguns dias antes de viajar para Goiás recebi, por sua mão, a visita de um novo contato. A compartimentação estrita, regra de sobrevivência na vida clandestina e a sólida confiança nele, há anos cultivada, me impedia de indagar como chegara até nós, de onde vinha o visitante.

Cabelos pixaim, claros, curtos. Sarará ferrugem como se diz no norte. Esquivo. Com fala telegráfica, resume: *"Alguém deve se deslocar para Anápolis. Repasso contatos que mantenho lá. Mais os que recuperei no interior do Estado, que estavam dispersos depois da morte do Comandante Marighella"*. Atados pontos e referências, terminamos, os três, o misto quente padrão, com pingado. Compatível com nossas minguadas economias e suficiente para acalmar o estômago até um improvável jantar. Deixamos, um de cada vez, observando as regras de segurança, a Panificadora Amarante, esquina da Domingos de Moraes com Luís Gois. Não voltaria a vê-lo. Dissolveu-se na multidão sombria que regressava do trabalho. Levava consigo, talvez, meus vaticínios. Os desígnios do meu destino, da minha vida ou da minha morte.

Depois de tudo isso, a viagem, o ponto, o contato que não cumpriu. O cerco, a escapada, o segundo cerco e a queda. E as perguntas sem resposta que gravo a fogo na memória, desde então: teria aquele encontro na Panificadora Amarante me afastado deliberadamente da Rua Antunes Maciel, no 14 de junho? Quem conduziu a mão do destino, o visitante que se dissolveu na multidão, no fim da tarde? Ou o filho do alfaiate? Quem era afinal, o visitante? Um contato resgatado ou um agente policial infiltrado em operação? Não tenho a resposta.

IV.

Sobrevivi à partida de xadrez contra a morte. Sobrevivi, talvez, para contar todas essas coisas presas nas armadilhas da memória. Uma cirurgia plástica modificou-lhe o rosto para que pudesse suportar o reflexo do espelho e andar pelas ruas sem o incômodo de ser reconhecido. Alcançou o diploma de médico, como desejava. Dois prêmios pelos obscuros pactos que cumpriu. Pagos com a retribuição da tirania pelos ossos dos companheiros assassinados que arrasta atrás de si, por varandas e madrugadas.

Há registro de uma tentativa de retorno à cidade onde nasceu. Por onde passava, portas e janelas debruçadas sobre a rua ou sobre o rio se antecipavam: fechavam-se quando bafejadas pela maldição de sua sombra. O alfaiate não o recebeu. Não o reconhecia como filho, desde que admitira a metamorfose que fizera dele um *cachorro*[2] da polícia política. E não se arrependia das

2. Expressão utilizada na época para designar agentes infiltrados na guerrilha urbana: "Cachorro da repressão".

mortes que causou: *"Meu filho não tem quatro patas. Entre meus filhos não contam os cães"*. Mantido fora dos muros de uma cidade sem muros. Reproduzia-se assim, no Brasil profundo, o costume medieval da excomunhão civil. Nunca mais retornou.

Na ausência de atitudes mais efetivas capazes de executar o que seria de Justiça, construo a hipótese precária – talvez para aplacar a má consciência que me acompanha – de que se tornou um homem sem sonhos. Horas, dias, anos, como se uma lâmina manejada pelas mãos daqueles que traiu e entregou para a morte lhe tivesse arrancado o véu das pálpebras: sentenciado ao gelo do IX círculo de Dante, onde se punem os traidores, e à insônia que faz da lágrima a lâmina gelada que sangra as córneas dos condenados à eterna vigília.

Brasília, novembro de 2018.

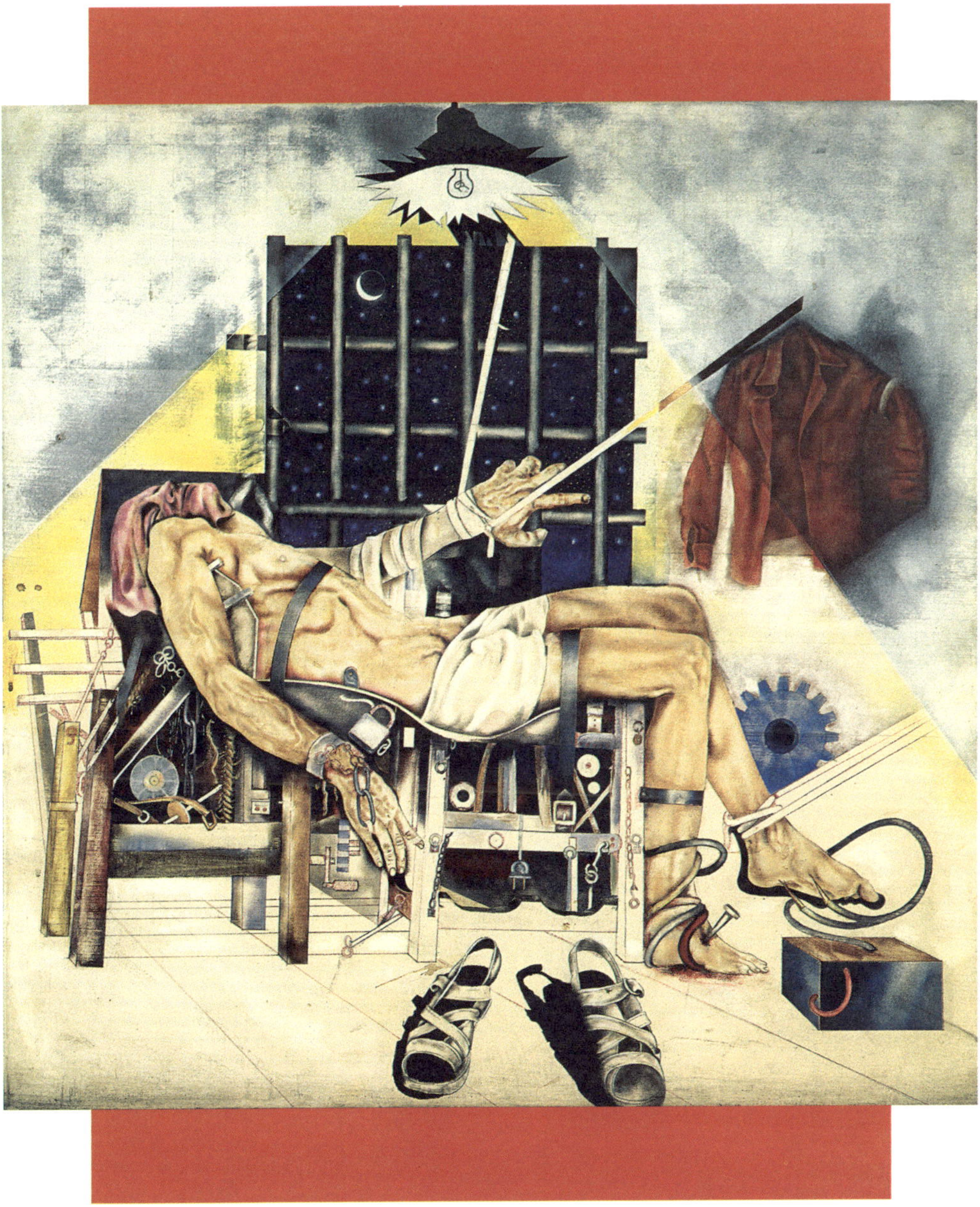

O LEITOR DO LIVRO DO APOCALIPSE

PARA JOSÉ PORFÍRIO, ONDE ESTIVER.

I.

Lera um único livro na vida: a bíblia. Numa vulgata que trazia o título *História Sagrada*, ilustrada com gravuras minuciosas, distribuída pelas paróquias católicas mais distantes, no Brasil profundo. Um livro que narra as intermináveis atribulações de um povo de pastores e pescadores, oprimido e opressor, desterrado e invasor de terras alheias. Um registro composto como um mosaico de fábulas, redesenhadas a cada geração, para alimentar na geração seguinte a primitiva noção de povo escolhido entre todos os povos. O povo eleito de Yaveh.

O acidentado registro da tradição oral judaico-cristã, depois manuscrita em papiros, códices, pergaminhos e, séculos mais tarde, beneficiada pelas circunstâncias de poder, foi impressa em papel como o primeiro livro, para alcançar maior permanência e difusão, graças ao engenho do gráfico germânico Johannes Gutenberg, de Mogúncia, quando a Europa amanhecia para a Idade Moderna.

De todas as narrativas, a que mais o fascinava era a do Livro do Apocalipse. Curioso, comprara, em algum momento da juventude, um exemplar da bíblia, com o texto integral, ou que se supõe integral. Carregava-o consigo nos seus alforjes ao ser preso. Para quem palmilhara ásperos caminhos na vida, intuí que sua preferência recaísse sobre o Livro do Êxodo. Faria mais sentido. Guardaria nexo com a condição de condutor de uma comunidade de posseiros despojados de tudo, mesmo de uma escritura que servisse de escudo legal, para protegê-los naquela obscura luta contra usurpadores, nos vastos boqueirões de Trombas e Formoso, no Brasil Central.

Sertanejos são, por hábito, gente reservada. Educados pela pedra que pisam. Pelo sol, pelas fantasias dos anciãos, proferidas à luz de candeias, para adquirir força de verdade na imaginação infantil dos seus ouvintes. Pelos ventos que fustigam o couro da alma. Observam mais e falam menos. Afinal, temos dois olhos e uma boca apenas... Nos afetos como nos ódios, se contêm. São econômicos. E intensos. Não derramam da vasilha. Como resina de angico. Assim partem para os conflitos do mundo.

Naquelas circunstâncias se recomenda pouca prosa. Não se pergunta o nome de quem chega à cela do fundão. Isso fazem os carniceiros, no inferno das salas de interrogatório. Não se indaga sobre as atribulações de cada um. Ainda que movidos apenas por um dever de piedade. Que caminhos percorreu, até ser capturado pelas engrenagens desta máquina de moer carne e ossos e ser lançado aqui? Não importa. Quanto menos se souber sobre quem ocupa o catre ao lado, melhor. Cabe a cada um a disposição de contar ou de silenciar.

Confiança entre homens encarcerados é árdua tecelagem. Urdida pelo vai e vem das agulhas manuseadas, medidas em cada gesto. Palavra aqui vale pouco. Vale a atitude diante desse quotidiano que sempre nos assalta com uma surpresa, um golpe: um prisioneiro removido sem explicação. Voltaremos a vê-lo? Outro prisioneiro que chega. Acolhemos com a necessária solidariedade e a ponta inevitável de reserva. A indicação do beliche onde deverá dormir. A uma prudente distância do núcleo que maneja os cordões invisíveis do quotidiano coletivo. A chamada para o exercício físico às cinco e meia da manhã, para retardar o apodrecimento do corpo e do espírito. Tudo aqui encerra um teste, uma prova.

Depois de semanas de observação do comportamento diante do coletivo dos condenados e do turno dos carcereiros, o convite. Os olhos fundos são duas contas azuis perfurando meus olhos com os punhais de sua luz. Talvez tenham eles fascinado

Roseira e Dorina, as duas esposas que o acompanharam ao longo da vida. Sentado no beliche, ao seu lado, me veio uma prosa mansa, surpreendente aos meus ouvidos desabituados ao discurso religioso, naquela voz anasalada e com sotaque nordestino. Ele viera de Riachão ou de Santo Antônio do Balsas, sul do Maranhão: *"O que vivemos aqui é passagem. Como se fosse uma purgação. Pelos pecados de outros. Que viveram antes de nós. E pelos nossos próprios, que são mais pesados. Todo mundo peca. E Deus pune. O mundo vai acabar. Já acabou uma vez. Em água. Com o dilúvio. O criador estava insatisfeito com suas criaturas. E começou de novo. E de novo desandou. Da próxima vez vai acabar em fogo. E será a partir daquele lugar. Onde tudo começou. Isso diz o Livro do Apocalipse".* Ouço e imagino uma reencarnação do "Conselheiro". Quase cem anos depois de Canudos, a espantosa miséria dos sertões do Brasil prossegue inalterada, produzindo seus Messias para redimir as multidões dos deserdados da terra...

Recitava de memória – imperfeita memória – versículos do Apocalipse: *"O quarto Anjo derramou sua taça sobre o sol e foi-lhe permitido que abrasasse os homens com fogo (...) E os homens foram abrasados..."* Queimados vivos por um deus vingativo, penso. *"...e houve relâmpagos e vozes e trovões; houve também um grande terremoto, qual nunca houvera desde que há homens sobre a terra (...)" "...e a grande cidade fendeu-se em três partes e as cidades das nações caíram; e Deus lembrou-se da grande Babilônia para lhe dar o cálice do vinho do furor de sua ira".*

II.

Se nos afastarmos da fábula repetida geração sobre geração a respeito da onipotência de deus, seja ele único ou múltiplo, como queriam os gregos e os primitivos africanos, cabe talvez uma conjectura: qual a fonte do poder hipnótico que emana deste livro sobre as pessoas? Em particular sobre os oprimidos, os saqueados de tudo e aqueles envenenados pela busca da beleza, ainda que terrível? Os loucos, os místicos, os profetas, os adivinhos, os rejeitados, as professorinhas do interior, as virgens defloradas, os amargos, os poetas? E com eles os mercenários, os vagabundos, os assassinos arrependidos, os pastores de arrabalde, que exercem um poder não isento de astúcia, semeando em seu redil o medo da vingança divina?

Eles todos mergulham nesse livro e são tomados por uma febre malsã. Uma possessão. Um veneno que não mata: anestesia. Sucede um alheamento. Como se nos olhos faltasse a pessoa... Erguem eles, no seu labirinto, a miragem de sua própria

Babilônia. Impalpável, mas real. Onipresente, opressiva. E, em vão, se armam para combatê-la e a ferro e fogo destruí-la.

Cavava com as unhas em Ezequiel os fundamentos para sua retórica: *"Então olhei, e eis quatro rodas junto aos querubins. Uma roda junto a um querubim, e outra roda junto a outro querubim, e o aspecto das rodas era como da cor da pedra de berilo". "... As quatro tinham uma mesma semelhança; como se estivesse uma roda dentro de outra roda"*. A leitura assídua o conduzira ao nexo entre o Livro do Apocalipse e as escrituras de Ezequiel, sacerdote e profeta dos desterrados, manuscritas durante o cativeiro dos hebreus na Babilônia, entre 597 a.C. e 538 a.C., salvos quando os exércitos de Ciro finalmente submeteram os Caldeus.

Babilônia, Babilônia! A palavra evoca riqueza e poder. Nada em Babilônia é sóbrio. Prevalece a ostentação, a grandeza, o desperdício, a sensualidade, o ócio, a decadência dos costumes, a luxúria, a imaginação sem peias, a exuberância da arte. Aos olhos de João, filho de pescadores do Lago Tiberíades, Roma é a Nova Babilônia: a exacerbação dos sentidos, a busca delirante do prazer como fim último da existência humana. O império do mal, a ser combatido.

João chegou à Ilha de Patmos, no Mar Egeu, sob o reinado do Imperador Domiciano. Há referências identificáveis neste cipoal de tradições do cristianismo primitivo, que ele foi metido a ferros, castigado e banido, segundo uma antiga tradição entre os romanos. Como antes dele acontecera com Ovídio, exilado no Ponto Euxínio, às margens do Mar Negro, por atentado à moral. Escrevera "A Arte de Amar", nos severos tempos de Augusto.

A Ilha de Patmos, refúgio de serpentes e escorpiões, era destinada a colônia penal para assassinos, gladiadores rebeldes e presos políticos: aqueles que se indispunham com o poder dos patrícios. João, diz a fábula, contava 55 anos quando recebeu o chamado. E se pôs a escrever um relato incendiário, uma sorte de "Livro da Ira" contra o que julgava ser a ressurreição da Babilônia. Recolheu em seu relato as escrituras de Ezequiel, manuscritas seiscentos anos antes, para disseminar o medo e magras sementes de esperança entre os filhos das catacumbas.

Sem alterar o timbre da voz, baixa e compassada, anunciava aos meus ouvidos, em tom de profecia: *"Há uma roda semelhante no céu, hoje, que corresponde de certo modo à escritura da visão de Ezequiel, o profeta dos cativos... A grande Roda, que alguns de nós vemos no céu, hoje, é uma nave. Projetada como um anel. Nada parecido com essa nave jamais foi visto... É conhecida como Nave Mãe. Mede meia légua de diâmetro e é o maior objeto mecânico fabricado pelo homem, no céu. É uma aliança capaz de permanecer muito anos no firmamento, flutuando sobre a gravidade da terra. E tem como objetivo destruir o mundo atual, que se perdeu das mãos do Criador. Para a Nave Mãe só irão os escolhidos. Como a família de Noé, antes do dilú-*

vio. Transporta uma frota de 6.666 aviões bombardeiros, com explosivos atômicos capazes de converter a terra num inferno de fogo e veneno. Haverá redenção? A misericórdia de Deus tem limites?" Interrompo a narrativa. *"Se Deus não tem limites, como terá limites a misericórdia de Deus?"* Responde curto: *"A misericórdia de Deus não tem limites, assim como não tem limites sua ira".*

Nos intervalos desse delírio manso e aparentemente desconexo, colhi de sua boca um relato indispensável para compreender a rebelião da gente da terra de Trombas e Formoso:

O levante dos posseiros, que conduziu, ocorrera em meados do século, e opôs-se ao avanço da grilagem de terras – uma praga de gafanhotos bíblicos – que acompanha desde as sesmarias os investimentos públicos no Brasil. Ali se tratava da construção da rodovia Belém-Brasília. Dois mil, cento e cinquenta quilômetros varando a solidão. Em tempos como aqueles, a terra vira moeda. Se despe dos outros sentidos que a acompanharam ao longo da aventura humana. Os sentidos de lugar, de berço, de mãe, de fonte primeira do sustento e da reprodução da vida. De fator de coesão familiar e sentido de pertença, de espaço afetivo, de querência, de sertão: esse abismo povoado de espantos que carregamos dentro de nós.

Três anos de emboscadas, escaramuças e tocaias contra os grileiros, movidas por uma gente outrora pacífica e laboriosa que havia domado aqueles socavões cobertos pelo cerrado espesso e tecido uma complexa rede de relações no quotidiano do trabalho da terra. Manejavam ferramentas rudimentares: foice, machado, facão. E a enxada, sempre. Obedecendo ao ciclo aprendido pelo que os séculos ensinaram: agosto, a broca, a derrubada, as coivaras, a queimada e a primeira limpa. Setembro/outubro: calor e a espera angustiante das primeiras águas. Novembro: lançar a semente ao chão. O plantio do cereal. Dezembro, a gravidez da terra emprenhada pelas chuvas torrenciais. Tempo de vigiar todas as manhãs o broto que um dia será grão, o cuidado, a segunda limpa. Janeiro/fevereiro a primeira colheita. A reza. A cachaça. A folia de Reis. O dia de São Lázaro. Quando os cachorros se igualam aos homens, na hora do banquete. O segundo plantio, agora, dos legumes. Do feijão indispensável, o pão de cada dia. E o mesmo cuidado até a colheita. O tempo da fartura, da cachaça, da catira, da Festa do Divino, em maio/junho quando as chuvas se despedem.

Esse era o ciclo da vida desta gente determinada a defender seu lugar no mundo tal como o conheciam e davam valor. Com os instrumentos que tinham à mão: a rede de famílias tecida, como as redes de algodão cru que lhes embalavam o sono. Os nós imperceptíveis de parentesco atados a partir de cada rancho. Sobre eles os Conselhos de Córrego: a vida se organizava em torno do eixo das águas. Os *pombeiros,* meninos que vazavam pelas veredas com as ordens emitidas por um comando invisível. A referência vegetal única, o Coqueiro de Galho: uma moléstia da natureza. Uma transgressão genética. Coqueiro não tem galho. Só a palma. Levantada como bandeira para acolher os ventos. Anunciar chuvas e tempestades. Aquele tinha. Oferecia duas palmas sobrepostas aos olhos treinados para ver e discernir esses carrascais. Encruzilhada. O Coqueiro de Galho estava lá para quem soubesse adivinhá-lo nas horas mortas da madrugada. Ponto de partida para uns, para outros, de chegada. O fim e o recomeço.

"As forças do governo, armadas e embaladas, desembarcaram ali uma primeira vez, uma segunda e uma terceira vez. O grileiro mesmo não comparecia. Grileiro morde com os dentes do governo. Os ataques, os incêndios de ranchos e paióis, não repetiam o lugar. Mesmo assim, depois do primeiro susto, foram devoradas por um exército de assombrações. Implacável. Como se as árvores retorcidas do cerrado, munidas do fio branco dos aços, igual à espada dos anjos do Apocalipse e, sem alvoroço, deixassem as patrulhas degoladas, estendidas sobre cemitérios gerais. À sombra de angicos, jatobás, copaíbas, pequizeiros".

O braço do governo perdera as armas e com elas o sentido mesmo de força. De poder. Desconheciam aqueles boqueirões ermos. E desconheciam aquela gente dispersa pelas margens dos córregos, há muitas gerações. Assim, as armas mudaram de mãos. Fuzis, sabres de duplo fio e cava, agora empunhados por mãos rudes que antes manejavam foices, machados, facões. Ou guardados em paióis, longe do olhar dos estranhos, protegidos da ferrugem e dos ácidos do tempo pela graxa, banha de porco, envoltos em folhas de bananeira, suspensos nas estivas cobertas com palha de piaçava.

Alguns anos depois, ouvi, de outra boca, um relato curioso que poderá eventualmente ser contestado: uma cerimônia impossível reuniu o governador do estado e a comunidade de posseiros de Trombas e Formoso, com seu líder. Os homens de Porfírio. Um gesto do poder constituído para reocupar o espaço perdido na batalha em campo aberto, com a entrega dos títulos de propriedade da terra. Por eles a autoridade maior do Estado reconhecia como legítima a ocupação daquelas terras aos posseiros organizados pela Associação dos Lavradores Livres de Trombas e Formoso.

Ao pousar o avião Beechcraft do governo de Goiás numa clareira aberta no cerrado a poder de foice e machado, sua Excelência foi recebido por uma formação de posseiros. Passou em revista, em companhia do líder, uma guarda de honra endomingada, pouco marcial, é verdade, debaixo de chapéus de palha, para proteger-se da ferocidade do sol das duas da tarde. Enfileirados, portando fuzis Mauser 1908 e baionetas, engraxados e polidos com capricho, que haviam sido capturadas da Polícia Militar do estado, cinco anos antes...

III.

"Quando eu sair daqui ninguém nunca mais saberá de mim. Conheço lugares que nem Jesus Cristo com os doze apóstolos pisou. Vou virar uma sombra. Uma sombra não se prende. Não se mete em cadeias. As sombras deslizam sobre paredes. Muros. São mais livres que os homens. As sombras não sangram: manchas de silêncio. Escapam do gume dos ferros. São defendidas da palavra. São defendidas da dor".

Profetizou? Ou para recompor-se, para escapar do tormento da insônia e das humilhações, terá feito um pacto com a morte? Foi libertado meses depois de me ter confiado esse relato. Dissolveu-se na sombra e no pó. Naqueles anos algumas usinas foram utilizadas, nesta atormentada geografia, para converter homens e mulheres em cinzas. Coivaras de esquecimento. Usinas de esquecimento. Para depois lançá-los à terra na estação das chuvas. E ninguém mais pudesse ferir a superfície do silêncio a que se habituaram os ouvidos de todos. E nos tornarmos incapazes, por décadas, de proferir seus nomes, no idioma herdado, e prolongar na geração seguinte o sopro de suas vidas e de sua indignação.

Nesse tempo breve, entre uma e outra tirania, reaprendemos a soletrar seu nome – José Porfírio – homem de terra e valentia para ser honrado por seus descendentes. E pelos que conheceram sua passagem de sangue, fogo e liberdade pela monotonia dos cerrados: planuras, chapadas. Planuras, chapadas. Infinitamente. Para que a pedra da memória, circular, fechada sobre si mesma, o recolha, acenda e o grave com a centelha dos relâmpagos – sinal aceso – contra as sombras cultivadas do país do esquecimento. E alguém, mais tarde, entregue à minuciosa carpintaria da memória, possa recontá-lo, como João, na Ilha de Patmos, recolheu, seis séculos depois, a palavra do profeta dos cativos.

Anos depois, as Rodas de Ezequiel – reinventadas na magnífica roda de Clarke e Kubrick no filme "2001: uma Odisseia no Espaço" movida pela valsa de Strauss contra o silêncio cósmico, conduzida pela razão binária, irrevogável de Hal 9000, flutua sobre a gravidade da Terra, projetada diante dos meus olhos, na tela do Cinerama, como uma ameaça e uma esperança.

Brasília, novembro de 2015.

CORAGEM

PARA ALAOR FIGUEIREDO, ORGANIZADOR DE CORAGENS.

"O medo desumaniza. Impõe a cegueira do reflexo e do instinto. Cava até chegar aos ossos. Liberta o animal que pulsa sob o verniz da razão. Coragem não é precisamente a ausência de medo. É quando a razão ao medo se sobrepõe pela porta do delírio e devolve ao prisioneiro, num lampejo brusco, aquela esperança contra toda esperança: ***o torturador pode me matar, mas não pode me vencer. Porque a minha morte será a minha vitória sobre sua força..."***

(Uma explicação necessária, *Poemas do Povo da Noite*, Fundação Perseu Abramo, SP, 2009).

I.

Igual a uma ferradura. A arquitetura fora concebida por meticulosa inteligência a serviço do mal. O mal não se contenta com a banalidade. O mal, a frio, se planeja para ser eficaz.

O objetivo a alcançar será impedir – e se não for possível, limitar ao máximo – qualquer contato visual entre os prisioneiros. De modo a reduzir a zero sua consciência de estar no mundo. (A consciência de estar no mundo nos vem – desde Shiva e dos textos sânscritos – do olhar do outro, ainda que o outro seja o carrasco). Anular a consciência dos prisioneiros para convertê-los numa frágil estrutura de carne, nervos, ossos e medo. Rebaixá-los ao ato reflexo, que responde apenas, naquelas circunstâncias, ao estímulo da dor. E devorar até ao vazio absoluto qualquer alento do espírito.

Não é improvável que aquela arquitetura, tenha sido inspirada no desenho sombrio dos corredores que eu lera na adolescência descritos no *2455: a cela da morte*, publicado por uma casa editora, salvo engano, já extinta, enquanto acompanhava o percurso final de Caryl Chessman rumo à câmara de gás, no 2 de maio de 1960, em San Quentin.

A vida borda seus caprichos. Circulava pela 'rádio murmúrio' entre uma cela e outra, que na cela 14, há poucas semanas, Larissa, capturada nas Operações de Contrainsurgência no Baixo Araguaia, dera à luz uma criança no meio da noite. Cortara com os dentes o cordão umbilical. Ao chegar o socorro médico, encontraram-na aquecendo o recém-nascido com o próprio corpo, no assoalho da cela. Mãe e filho sobreviveram. Por alguns dias, da cela 14, escapavam nas madrugadas, vagidos insistentes: a vida fere. A vida rompe. A vida incomoda.

Para ninar a criança, que talvez apenas reclamasse o peito e o calor do corpo materno naquelas madrugadas de junho, eu cantava uma canção que nem sei se terá sido ouvida. Não importa:

> *"Ela nasceu no morro, / não sabe nem em que data, / e até pensava que a lua/ pendurada no céu/ fosse um pandeiro de prata. / Ela nasceu no morro..."*

Para evitar que as quatro celas dispostas nas esquinas internas da ferradura permitam o contato visual entre os prisioneiros, as luzes do fundão permanecem apagadas durante todas as horas do dia ou da noite. As celas individuais, dispostas lado a lado, cercam duas celas coletivas e dois pátios destinados ao banho de sol dos prisioneiros. Isolados por um pé direito alto, para desestimular contatos indesejáveis.

As paredes revestidas de pastilhas impõem sua paisagem estática, aritmética como uma tela de Mondrian desprovida de talento, soterrada pela monotonia. A luz precária mal permite discernir entre pastilhas brancas, beges, negras, azuis. Diante dos olhos – e do tédio mortal que nos consome – o painel indecifrável a desafiar a retina e a tenacidade dos espíritos inclinados ao cálculo... enquanto a roda dos dias e das noites regira sua parábola interminável. Quantas pastilhas compõem um metro quadrado? Quantos metros quadrados mede o corredor? Quantas delas serão brancas, quantas negras, beges, quantas azuis? Onde pendem, nesse momento, as mãos infelizes do pedreiro que um dia as assentou como quem revestem um túmulo? Quisera apartá-las dos pulsos com um golpe de machado, antes que selassem o revestimento que me nega o ar e o azul. Até quando sobreviveremos a esse inferno inalterável?

Passos pausados recomendam atenção e silêncio. O piso de paviflex range sob a sola emborrachada dos coturnos. É como se estendessem, à sua passagem, a manta verde igual aquelas que cobrem o corpo dos mortos, sobre os sussurros que ondulam entre uma cela e outra. O vulto do Cabo da Guarda, talvez se chame Cabo Torrezan, se não me enganam meus ouvidos – um metro e noventa de estupidez – exerce esse poder de calar o mais tênue sopro de vida: *"Vocês não são brasileiros! Perderam a cidadania! São apátridas! Vocês são o veneno da nação! São comunistas! Comunista não tem pátria! Quando saírem daqui não terão nem direito ao túmulo. Irão direto pros infernos, sem deixar rastros!"* Repete essa ladainha que alguém lhe depositou nos cavos do cérebro, aos berros, ao fazer a ronda pelos corredores.

Ao fim da ronda, à medida que os passos se afastam, rebrota, das celas mais escuras, quase num murmúrio, uma canção popular: *"Caminhando e cantando e seguindo a canção, / somos todos iguais, braços dados ou não, / nas escolas nas ruas, campos, construções, / somos todos iguais, braços dados ou não..."* Em certas noites, mordido pelo ódio que o envenena, ele retrocede, escolhe uma cela, manda abrir, empunha o cassetete e espanca, ali dentro mesmo, o corpo que encontra. Não importa se a origem da canção e da ousadia partiu precisamente dali. Todos aqui são culpados, importa dar o exemplo para que não paire dúvida sobre quem manda e restabelecer o tecido de silêncio, agora pontuado por gemidos que serão dissolvidos pelas horas. *"Caminhando e cantando..."* recomeçamos...

II.

Chega da sala de interrogatório estendido na maca. Sob a manta verde percebemos, ao se abrirem os ferrolhos da porta da cela coletiva, o tremor que lhe sacude o corpo esquálido, agora estendido no beliche, sob nossos olhos. Hematomas nas articulações, nos ombros, nas dobras dos dedos, cotovelos, joelhos, tornozelos. O riso do Cabo da Guarda que se afasta: *"Treme de medo, o comunista. Covarde"*. Treme. Com 40 graus de febre, delira: Malária *P. falciparum* contraída no Baixo Araguaia. A pele adquire um tom amarelo palha, o corpo se agita em calafrios, tremores interrompidos de tempos em tempos. O branco dos olhos coberto por um amarelo bilioso. Acesos pela febre, os olhos alumiam o fundo da cela: duas brasas amarelas. O ventre inchado dá notícia do fígado sob ataque reclamando o alívio dos comprimidos de Aralém. Por algum motivo que não identifico, a febre e os calafrios recrudescem no fim da tarde, anunciando a noite de vigília. Montamos um plantão para acompanhá-lo no delírio, ao longo da madrugada. Sem maiores recursos que um pano molhado sobre a testa para não permitir ultrapassar a barreira destrutiva dos 41 graus: a náusea, o vômito, as alucinações.

Fora da cela, nos corredores, a solidez vigia. Os horários, a passagem da guarda, o rigor da caserna. Tudo obedece a uma estrita ordem que se reproduz inalterável no dia seguinte. Assim funciona o fluxo dessa máquina de moer carne. Dentro da cela o corpo estendido no beliche, sem palavras, revela a fragilidade de tudo que nos diz respeito. Contemplo esse corpo que mal conheço. O que me liga a esse homem? O laço que une dois homens perseguidos. A incomunicabilidade com o mundo extramuros. O país que não sabe de nós. Intuo que talvez o país não deseja saber de nós. Somos, de certa forma, um incômodo. Um espinho cravado na consciência do país. Penso que a qualquer momento podem chegar à porta do X-2, dois ou três fardados, jovens, munidos de cassetetes de borracha. Um deles trará nas mãos um capuz verde-oliva que cobrirá o rosto do prisioneiro anunciado. Qualquer um de nós. Outro, um par de algemas. É inconfundível o riso metálico das algemas cercando os pulsos. O prisioneiro será conduzido pelo corredor até um espaço sem contornos. Que não nos pertence, porque invisível sob o capuz. De lá retornará moído depois da sessão de interrogatório. Ou mesmo sem interrogatório algum. Sem perguntas, só a pancadaria capaz de satisfazer o desejo de dobrar um corpo submetido. Miro meu companheiro, de quem sequer conheço o verdadeiro nome. Poderia chamar-se Geraldo. Não conta trinta anos. Como eu. Banhado de suor, vai serenando. Os calafrios espaçam e cedem à exaustão e ao sono.

Há poucos dias, as celas solitárias receberam uma nova leva de presos. Provavelmente resultado da IV Operação, no baixo Araguaia. Nessas ocasiões a pancadaria atravessa a noite. São espancados em grupos, a julgar pela algaravia de vozes que ouvimos daqui. Ninguém dorme com os gritos que escapam pelas portas abertas das salas de interrogatório. Como os estúdios, elas são revestidas por placas Eucatex antirruído. Deixá-las abertas faz parte do método aplicado para aterrorizar os próximos interrogados. E para obter confissões. Quando regressam, os recém-chegados nos olham com assombro. O medo estampado no rosto. Não formulam a pergunta que lhes escapa dos olhos. Agora os olhos gritam a sensação do incompreensível: os posseiros do Baixo Araguaia, da zona da guerrilha, não conhecem eletricidade... Depois de horas, um deles repete baixinho uma narrativa entrecortada pelo desconcertante riso dos desesperados: *"Eles prenderam uns dentes de metal nas minhas orelhas como brincos de mulher – eles chamam de 'jacaré' – atados nas pontas dos fios e giraram uma manivela que acende relâmpagos dentro da cabeça. A descarga é tão forte que cega os olhos de ver. A gente se mija sem controle. A vontade se aparta do corpo. E o corpo fica sem dono. Pancada daqui, pancada dali, pancada de não sei onde. A cabeça dentro de um saco. Dentro de um balde d´água. Assim, pra afogar a respiração. O vivente vira um molambo nas mãos dos bate-paus como no tempo do cativeiro. Os cordões tudo frouxo. Uma miséria só. Mas a gente não sabe responder o que eles querem. Onde diabo se escondem esses comunistas que eles procuram?"*

Há três noites, se posso confiar na memória, (nesse ambiente onde não há espelhos nem relógios, não se reconhece o próprio rosto, nem a marcha do tempo). Há três noites, suponho, passaram pelo corredor leste da ferradura com um corpo sobre a maca. Coberto pela inevitável manta verde que nos serve de cobertor ou de mortalha para os que não resistem aos interrogatórios. Não nos foi possível saber o destino: o hospital ou o necrotério? Presumo ser um dos novos, que chegaram nos últimos dias. Não teve tempo de ocupar uma cela solitária. Por onde começam nossas atribulações.

III.

Beirava os sessenta anos. Era dirigente do PCB. Lera Thomas Mann. Falava-nos sobre a "Montanha Mágica", o Sanatório de Davos, um mosaico de personagens, uma nau dos insensatos, Hans Castrop. Falava-nos sobre o humanista Settembrini antes de marchar para o duelo com Naphta. Um duelo entre dois moribundos, condenados ambos pelo bacilo de Koch: *"O duelo, meu amigo, não é uma 'instituição' como qualquer outra. É o último recurso, é a volta ao estado primevo da natureza (...:) O que é característico dessa situação é o seu cunho totalmente primitivo, a luta corporal, e cabe a todo homem, por mais que se distancie da natureza, manter-se preparado para essa emergência. Ela pode ocorrer a qualquer instante. Quem não é capaz de arriscar a vida, o braço, o sangue, na defesa de um ideal não é digno dele. Em que pese nossa espiritualização, cumpre sermos homens".* Um mundo à deriva, a barbárie da Primeira Guerra Mundial.

Beirava os sessenta, nós mediávamos os vinte e cinco. A maioria mal tinha lido os panfletos que distribuía nas universidades, aqueles que haviam alcançado as universidades. Escapando da perseguição da polícia. Com a autossuficiência típica da idade, acusávamos os militantes mais velhos, particularmente os militantes do PCB, de terem abandonado o compromisso com a Revolução, de conciliarem com a ditadura, de serem reformistas. Uma composição heterogênea de 22 homens, numa cela. Gente da ALN, PCdoB, Partidão, AP, VAR-Palmares. Não nos púnhamos de acordo sobre nada. Por essa época, a direita triunfante zombava de nós: *"as esquerdas só se unificam na cadeia"*. Algo semelhante ao sanatório suíço...

Os ferrolhos, sem graxa, correram com ruído para destravar a porta de chapa dupla. Ferro contra ferro. Deu passagem ao general. Nordestino, baixo, atarracado. Envergando o uniforme de passeio. Como se viesse para uma cerimônia. O quepe mantido no alto da cabeça, talvez para corrigir a insignificância da estatura. A seu lado o oficial ajudante de ordens, o sargento de turno, o cabo da guarda e um soldado.

Formamos um semicírculo entre a porta do X-2 e o primeiro beliche. Alguns inquietos, nervosos, todos tensos e os que já o conheciam, pálidos, apavorados.

Veio suave. Percebi que saboreava o efeito de sua presença sobre nós. E de cada palavra que iria proferir. A voz anasalada e o sotaque forte: *"Somos generosos. Estamos preocupados com a juventude do Brasil. Gente como vocês, que se afastou do amor à pátria para ir atrás da lavagem cerebral dos comunistas e tomar o caminho da subversão"*. Elevou o tom do discurso. *"Quero ajudar o general Otávio Costa a salvar a vida de vocês. Muitos já fizeram a declaração na TV. Se tornaram exemplos para outros jovens e se reencontraram com suas famílias. Declararam arrependimento por ter entrado nessa aventura. E defenderam o governo forte e democrático do presidente Médici que está fazendo do país, nos cento e cinquenta anos da independência, um Brasil Grande. Com a Transamazônica, com a Ponte Rio-Niterói, com o Mobral, com o Projeto Rondon. É uma oportunidade que lhes ofereço. É uma porta que lhes abro"*. Foi, por fim, direto ao ponto: *"Quem de vocês aceita ir para a televisão e se declarar arrependido?"* Pavor e silêncio. Um silêncio espesso. O ar que respirávamos se convertera numa gosma e se recusava a nos oxigenar os pulmões. Palpável. Pegajoso. Denso. Interminável. Os olhos do general varrendo, inquisitivos, o rosto de cada um à espera da resposta.

Percebo que alguém se move. Avança dois passos, se destaca dentro do semicírculo e se põe em frente ao general. Alto, emagrecido pelos maus tratos, levemente encurvado encara o visitante de cima para baixo. Vai escandindo as palavras. Medindo-as. Meus ouvidos assombrados se recusam a assimilar o que ouço. Uma voz aguda, mas firme. A coragem – aprendemos ali – não elimina o medo: é a sua contraface. Ele continua lá. Como um veneno latejando sob a pele. É a insuportável tensão entre o impulso de vida e a vertigem de renunciar a ela. Coragem não existe sem o medo que a espreita, para devorá-la: *"General, a cela é o espaço do preso. O último espaço. O senhor, portanto, não devia ter entrado aqui. O senhor vir até aqui oferecer a esses meninos que se arrependam em troca de qualquer coisa eu compreendo, embora não aceite. O senhor fazer essa proposta para mim, um comunista moído de pancada por seus mãos de ferro, é um insulto! O senhor se retire da cela. Aqui ninguém se arrepende!"* A menção do sargento de turno de avançar sobre o imprevisto interlocutor foi contida por um gesto do general. Afinal, aquela era uma missão diplomática. Seu rosto, como o nosso, por motivos diferentes, revela espanto. Não decifra de onde poderia brotar tamanha ousadia. *"Vocês vão se arrepender"*, vocifera antes de dar meia-volta e se retirar.

Quando pudemos respirar, nos acercamos do beliche em que ele se encontra ainda um pouco ofegante. Avaliando talvez a temeridade do gesto. A coragem, não há dúvida, é uma dimensão da loucura. Mas dela é possível dizer: ninguém se arrepende de ter tido coragem. Nos aproximamos assim, sem palavras. Apenas para o abraço. Engolidas as críticas sobre reformismo e conciliação. E a calada admiração de quem testemunhou um gesto incomum. Mais um pouco e fomos tomados por um estado de euforia. Todos falávamos ao mesmo tempo. Uma necessidade irreprimível de contar uns para os outros o que não precisava ser contado, porque todos nós, afinal, participáramos de tudo.

Por alguns meses pagamos com o corpo a ousadia daquele gesto. Ninguém se queixou. Ninguém quis recusar as marcas que porventura – ou desventura – pudéssemos carregar pelo resto da vida por aquele gesto de coragem. Como quem leva uma medalha por ter combatido numa guerra subterrânea. Não assumida. Não confessada pelos vencedores. Valentes heróis que venceram batalhas contra inimigos algemados, suspensos nos paus de arara, entre quatro paredes. Aos seus próprios olhos, uma guerra indigna.

***

Encontrei-o anos mais tarde, num arrabalde empoeirado conversando com pedreiros, peões, mestres de obras. Lia para eles de forma pausada, paciente, para aquela gente que não aprendera a ler. A passagem do tempo deixou a voz rouca, mas não perdera a chama: *"Era ele que erguia casas / onde antes só havia chão, / como um pássaro sem asas / ele subia com as casas / que lhe brotavam da mão. / Mas tudo desconhecia de sua grande missão. / Não sabia, por exemplo, / que a casa de um homem é um templo, / um templo sem religião. / Como tampouco sabia / que a casa que ele fazia / sendo sua liberdade / era sua escravidão".*

E havia nos olhos dos pedreiros uma luz esquiva, misto de encantamento e sutil desconfiança diante daquelas palavras que ouviam provavelmente pela primeira vez. Da boca de um homem cujo passado ignoravam. Entre todos, apenas eu, de pé, ao fundo, sabia que caminhos ele trilhara. Prosseguia lendo os versos de Vinicius. Percebemos então que à sua voz se somava outra, acompanhando-a. Uma voz adolescente, algo desafinada, mas forte, temperada para não se sobrepor à dele, repetindo-a como um eco: *"E um fato novo se viu / que a todos admirava: / o que o operário dizia / outro operário escutava e foi assim que o operário do edifício em construção / que sempre dizia "sim"/ começou a dizer "não".*

Aproximei-me da voz. Era pouco mais que um menino: *"De onde veio você? Quem te ensinou esses versos?". "Minha mãe". "E quem é sua mãe?" "Larissa". "Onde você nasceu?" "Ela me conta que nasci numa cela de prisão".* Cerro os dentes, recolho o golpe, enxugo a lágrima que iludiu meus olhos desatentos. Apenas um abraço breve e a convicção de que o mundo começara de novo. A geração seguinte fora envenenada pela utopia.

Brasília, agosto de 2016.

VERDADE: VERDADES...

PARA GERALDO MARQUES, IRREDUTÍVEL.

I.

UM NEGRO

Negro. Alto. Esguio. Carapinha gris. Estampa de sertanejo. Desempenado. Altivo. Faltam-lhe alguns dentes na boca. Chama a atenção a ausência do incisivo inferior do lado direito. Deixa o canino a descoberto. Altera a emissão da voz – de taboca rachada – e lhe confere uma aparência de ferocidade, embora gasta pelo curso da vida.

Observa-me à distância quando pela primeira vez chego à cela coletiva – o X-1 – conduzido por dois recrutas. Os demais encarcerados me recebem com as indicações de costume: qual o beliche que lhe cabe, o turno de limpeza da cela, o uso do sanitário comum, a partilha do que se recebe no dia da visita dos familiares.

Madrugador, inicia seus exercícios físicos junto com as primeiras movimentações dos carcereiros para oferecer o café da manhã. Pão besuntado com margarina ordinária e café ralo na caneca de alumínio. Observo do meu beliche seus movimentos. Cuidadosos, mas ainda guardam vigor. Onde terá aprendido essas sequências que repete diariamente para escapar da inércia que nos sitia? Mais tarde, somos todos conduzidos ao pátio para tomar sol, no final da manhã. Por duas horas. Durante esse período curto, insuficiente ele anda. Conversa com um, com outro, não se detém, circula entre os presos, com o claro objetivo de extenuar o corpo, assegurar o sono e encarar o dia seguinte.

Dos retalhos de conversas murmuradas no pátio de sol, nos cantos mais defendidos da cela coletiva, quase sempre interrompidas pela passagem dos guardas de turno, recolho as linhas para compor o argumento que talvez lance alguma luz sobre a tela que este homem teceu ao longo da vida, até ser despejado aqui, um lugar onde ninguém pergunta sobre o passado.

Elaboro a trama que julgo plausível do que pode ter ocorrido, ou do que ocorreu de fato, a partir dos retalhos de narrativas entrecortadas, compostas com muitos claros e dispersões. Da observação do tratamento que recebe dos carcereiros e oficiais. E de como a eles reage. Sem atender necessariamente a um nexo que as organize e lhes dê sentido.

II.

UMA VERDADE POSSÍVEL

Talvez tenha movido uma guerra vitoriosa entre lavradores e jagunços. Uma dessas muitas guerras dissolvidas pela solidão dos cerrados. Pelo isolamento primitivo daqueles magros aglomerados humanos, distribuídos pela margem dos córregos, no Brasil profundo. Guerras que ninguém contou, mas povoam a memória de sertanejos desguarnecidos de palavras, defendidos por monossílabos ou por um silêncio extenso, impenetrável. Guerras que repousam em jazidas depositadas sob um silêncio mineral à espera da voz que lhes ofereça o socorro de uma narrativa:

"Que era homem de Porfírio, temível chefe de Trombas e Formoso. Boqueirões de serras onde ninguém entrava sem licença. Nem as forças do governo, derrotadas repetidas vezes, quando se aventuraram por ali. Que viera da Colônia da Barranca naqueles anos para formar destacamentos de posseiros, por ordem do Partido Comu-

nista. Que teria treinado essa gente ingênua e bruta, mas profundamente fiel, nas artes da emboscada. Que com o tempo lhes teria tirado das mãos as enxadas, foices, machados com que lavravam a terra. E em seu lugar posto rifles calibre 44, papo-amarelo, cartucheiras de caça e alguns fuzis capturados na emboscada anterior em refregas sem registro, nem memória escrita, para defender a terra e cumprir a sina de plantar o grão. Que convertera em assassinos, aqueles homens sombrios, habituados à submissão e ao consentimento, agora investidos por suas mãos em força de armas, capazes de morte.

Que numa noite de 1956 ou talvez 1957 – passados tantos anos seria impossível definir a data – comandou uma emboscada à frente da cabroeira invisível que se fundia com a terra, as grotas, raízes, troncos. Como se Pajeú dos Canudos do Conselheiro, meio século depois, tivesse ressuscitado naqueles Gerais. Que o cerrado disparou de relâmpago o primeiro tiro sobre a patrulha atônita e desamparada, ignorante das dobras e tropeços que o terreno oferece para quem, em pânico, se move, sem o leite da lua, na escuridão da macega. Que, no breu, o serviço foi concluído com arma branca. Para não atrair reforço e economizar munição. Quando amanheceu, os corpos azulados pelo sereno foram recolhidos para receber sepultura cristã. Que assim deve ser na guerra: que se cumpra respeito com o inimigo derrotado. Nas Trombas não houve mortos sem sepultura".

Esse retalho de texto de um provável depoimento, não traz sua assinatura. Não corresponderia aos fatos? É possível que os interrogadores não o tenham dobrado. E ele, por fim, terá se recusado a firmá-lo. Ainda que trouxesse fragmentos da verdade sempre esquiva, quando percebida pelo olhar do outro. Do inimigo. Talvez por isso tivesse os dedos estropiados, dois ou três sem a proteção das unhas.

III.

OUTRA VERDADE POSSÍVEL

"Naquela noite eu nem estava lá. Fui na Barranca arrancar um dente. Nas Trombas não tinha dentista oficial". Mostra como prova o espaço vazio na gengiva. *"Esse aqui. Arrancado a poder de boticão. Sem anestesia. Não fazia diferença. A dor de ficar latejando dentro da boca ou a dor de arrancar".* Segue imperturbável seu relato, ante meus ouvidos céticos, como se ensaiasse uma performance para o próximo interrogatório que poderia ocorrer daqui a uma semana ou nos próximos quinze minutos. A depender do humor do Oficial de Dia. Quando não há novas quedas e, portanto, carne nova para ocupar o interesse dos mãos de ferro, é chamado mais assiduamente. Entalha no ar, a canivete, uma narrativa cuja lógica só ele próprio sustenta:

"Obra de gente que já morreu, foi aquilo. As chuvas se despedem. Vão rareando. Tangidas pelos ventos. É assim todos os anos.

Depois das águas de março. Suspensas num céu agora sem gota de umidade. Uma claridade de cegar os olhos dos cristãos e dos pagãos toma conta dos cerrados. Aí se organizam os ventos que vêm do sul. Varrem de corte e vão enxugando tudo e tudo se converte em poeira. Varando junho, julho, alcançando manchas de agosto, o cerrado viaja do verde pro marrom com ameaças de vermelho que recolhe do sol no fim da tarde: os Ventos Gerais. Não obedecem regras, nem as vertentes dos boqueirões que se puseram ali para regular sua força. Esses ventos carregam uma ciência oculta de se apossar do espírito dos homens. Desatam redemoinhos. Como divindades de terreiros de pretos e caboclos. Exercem o poder de determinar atitudes: corrigem medo em valentia; fazem de poucos multidão. Um só, na sombra da noite desguarnecida de lua, se vira em muitos. Pessoas ausentes incorporam. Socorrem o corpo dos feridos na refrega. Puxam gatilho como se ali estivessem. Empunham o cabo de osso do facão Colin nos arremates. Presentes em suor e sangue. Goianos não gostam de litígio. Mas não recusam. Quando estão em serviço de matança, os homens fazem um suor alterado, fedem forte para espantar a morte no rumo dos inimigos. Coisas desse feitio acontecem naqueles Gerais. Assim, sem explicação. Militar de carreira, polícia, esses meninos de granja que me interrogam não entendem aquela nação de mistérios. Não entendem que o Gerais é revel. Como a ordem dos ventos que desatou a força bruta das batalhas. E eu na Barranca, para arrancar esse dente. Quando voltei era aquele estrago. Obra de gente que já morreu, foi aquilo".

Ele se aferra a esse relato circular como anel fundido numa só peça. Inteiriço. Sem emendas. E o repete em cada sessão de interrogatório, na vã esperança de convencer os mãos de ferro encarregados de lhe arrancar as informações e as unhas. Volta moído, os dedos sangrando, mas com o relato sem nenhum arranhão. Intacto. Aprendera por instinto: aqui a história tem que ser curta e circular. Nada de labirintos. Neles, quem se perde é você. Pés e mãos atados. Pendurado de cabeça pra baixo.

IV.

UM CRISTAL

Um diálogo surpreendente. *"Como vai a senhora sua mãe?"* O recruta catarinense, enorme, quadrado, os olhos como duas contas de vidro, azuis, esbarra o passo e se detém diante da grade. *"O que você quer saber da minha mãe, seu comunista safado?"* Ele não se perturba. *"Da saúde dela. O filho aqui longe de casa, vivendo nesse perigo. Vigiando presos. E ela lá, sozinha..."* O recruta altera o tom da voz: *"Você tem filhos? Deve ter, os macacos reproduzem às dúzias! Devem se envergonhar do pai que têm!"* Fica levemente pálido, mas se contém: *"Tenho. Muitos. O mais novo já aprendeu a comer com a própria mão"*. Esboça um sorriso apenas perceptível: *"Me diga, seu pai é caminhoneiro?"* Furioso, o recruta: *"Eu vou te pegar e te moer de pancada, seu comunista filho-da-puta!" "Caixeiro viajante?" "Vai pra puta que te pariu! Vou chamar o Sargento de Dia! Vamos te dar um corretivo!" "Chamar o sargento só porque eu quis saber da saúde de sua mãe? Ele vai dizer que não tem tempo a perder".* O recruta se foi e o sargento não veio. E ele ganhou um novo inimigo. Quando indago qual é o propósito daquilo, me explica: *"Nesse lugar, se você não inventa uma luta logo quando amanhece, os dentes dos dias vão comendo a carne de sua alma aos poucos. Quando você sair daqui restarão apenas os ossos. Roídos. Sem nenhuma valia. Se quiser sobreviver tem que arrumar uma encrenca todo dia. É o jeito de dizer a eles: aqui do lado de dentro tem homens e seguimos vivos".*

V.

SEGUIMOS VIVOS

Sobreviveu. Cumpriu um ano e oito meses e voltou para casa na Vila Operária. Separada da Fama, antigo bairro de prostituição, pelos trilhos da estrada de ferro e por severos costumes morais. As casinhas do P-16 com uma luz vermelha no alpendre sinalizavam, não uma interdição, mas um convite...

Sabia que aquela cidade dera corpo e matéria a um gesto de rebeldia, nos anos 1930. Fora levantada pelas mãos de pedreiros, carpinteiros, serventes, aventureiros, chefes políticos sonhadores unidos contra os velhos senhores de terras e gentes e o mando despótico de espora e rebenque herdado dos tempos do carrancismo e da servidão.

Não se deram conta de que reproduziam, sobre a poeira vermelha do cerrado, um molde que pesa sobre nós como os ossos das sombras que arrastamos. (Seguimos presos aos reinos desta moenda que dita o ritmo e as regras da vida: apartar os brancos dos pretos, os ricos dos pobres. Para que estes reconheçam seu lugar. Na luz do dia: as cozinhas, os quintais, os bangues, o garimpo; no carvão da noite: os furtivos vãos das escadas, os paióis onde se montam negras e se produzem mulatinhos para povoar o mundo.) Escondê-los na Macambira. Mantê-los próximos para que não fujam da labuta diária e não cedam à preguiça. Mas invisíveis, para que não contaminem o ambiente com sua vulgaridade, suas mazelas e seus inexplicáveis instantes de fúria.

Meio século depois a multidão dos pobres se multiplicara. E fundira na brasa lenta das privações, dos pequenos ódios, da disputa diária por retalhos de uma vida miserável, o vasto anel de carências, em torno do que fora a cidade sonhada para poucos.

A Fazenda Caveirinha amanhecera ocupada pela multiplicação das tendas de um acampamento que fora levantado durante a noite. Como cogumelos na estação das chuvas. Centenas de famílias atarefadas riscando o chão com gravetos, definindo espaços: aqui será a cozinha, somos cinco precisamos de um espaço maior. Ali, construindo na margem da margem de uma cidade que nascera de suas mãos e fora para eles proibida.

O povo miúdo e numeroso ocupara um território vazio, abandonado há muitos anos, e lhe dera um novo nome: há de se chamar Nova Esperança. Guiados por uma crença antiga, talvez ingênua, talvez sábia: quem nomeia, de algum modo, se apropria. Exerce domínio.

Carapinha branca. Ele empurra um carrinho de pipoca e algodão doce que oferece por alguns centavos à criançada da ocupação. Numa linha indecisa entre os últimos ocupantes e as primeiras sirenes da tropa de choque que anunciam a operação para desalojar aqueles intrusos.

Quase invisível, aquele vulto encurvado, se move com alguma dificuldade e deixa atrás de si uma semeadura de *miguelitos*[1]. O suficiente para dilacerar os pneus dos brucutus que transportam a força policial e paralisá-los por tempo suficiente para que os acampados se reorganizem e lancem contra eles o que dispõem nas mãos, na esperança de retardar o despejo.

O comando arma dois arcos em torno da ocupação. Dispostos a espaços regulares, homens de cinza aquartelados há três dias, mastigando a raiva servida nas preleções, munidos de escopetas, granadas de gás de efeito moral, protegidos por escudos contra a multidão frágil, patética, desamparada. Inerme diante daquela formação escura, compacta, concentrada em nome da ordem, está de antemão condenada à derrota. Aparentemente. À primeira ex-

1. Artefato de metal utilizado nas lutas de massa, contra a cavalaria, nos anos sessenta do século XX. Consiste numa farpa de arame de bom calibre, com três pontas, de modo que lançada no asfalto, uma das pontas sempre estará voltada para cima... eventualmente era substituído por bolinhas de gude.

plosão das bombas de gás lançadas, uma tempestade: um foguetório ensurdecedor, previamente preparado como um cordão de pólvora nos festejos de São João, surpreende a retaguarda da tropa de choque, quebrando o ímpeto do avanço inicial e desorientando a primeira carga. Tempo para que os ocupantes avancem com pedras e paus sobre o que veem pela frente.

Passados os instantes do efeito surpresa, os alcançados pela linha de frente da tropa de choque sentiram o peso dos cassetetes, dos escudos, o sufoco das bombas de gás. Os homens adultos debaixo de pancada, estendidos no chão, de bruços, com a cara na lama, as mãos na nuca; as mulheres arrastadas pelos cabelos, crianças correndo em todas as direções. Pranto e pavor. Os feridos vão sendo recolhidos, as roupas encharcadas de sangue, as tendas postas abaixo sem contemplação. Tudo cabe na eternidade de alguns minutos.

Súbito, quando só resta aos ocupantes pôr-se em fila, render-se com as mãos na cabeça sob a ameaça dos cassetetes e dar por consumado o despejo, uma voz de comando suspende a operação. Os soldados da tropa de choque não entendem. Os ocupantes também não.

Dias depois saberiam, por relatos, que houvera uma intervenção eclesiástica em seu favor, junto ao governo. Por que razão o governador teria acatado os apelos do bispo, não há registro, só especulações.

Àquela altura, as razões pouco importavam para os ocupantes. O fato é que a ordem convertera em segundos uma derrota inevitável em uma vitória. Escalavrados, moídos a poder de pancada, feridos, com a cara ardendo pelos efeitos do gás lacrimogêneo, recolhem os cacarecos, as crianças extraviadas e se põem, sôfregos e felizes, a reorganizar a ocupação, reerguer as tendas, recomeçar a reconstrução da Nova Esperança.

Vitoriosos pelo sopro do milagre e de alguma capacidade para surpreender os inimigos, nem se lembram das mãos que semearam os *miguelitos* e contribuíram para retardar por alguns instantes a passagem dos brucutus... um tempo talvez decisivo para que aquela voz de comando não chegasse tarde demais. Além de sua capacidade de resistir...

Brasília, janeiro de 2018.

AS MÃOS

"Minha mão está suja. Preciso cortá-la.
Não adianta lavar. A água está podre.
Nem ensaboar. O sabão é ruim.
A mão está suja, suja há muitos anos".
Drummond

I.

JEQUITIBÁ VERMELHO

"A vida é assunto frágil em qualquer tempo, mais ainda em tempos de guerra. O vivente está aqui há dois passos. Sob meus olhos. Ao alcance de minhas mãos. Nos conduziu para essa emboscada. Esse fojo sem saída. Na mata densa, o inimigo nos cerca há pouco mais que uma centena de metros. 'Eles se movem para o assalto', comunica o (PO) Posto de Observação. Afastado, em conversa com o comandante, num relâmpago, o imediato cobre a distância que nos separa e desfere um golpe na base do crânio do Tenente Mendes com a coronha do FAL. Passa para minhas mãos o fuzil e ordena: 'Dá o golpe final para que não faça ruído'. Miro a coronha ensanguentada e golpeio. O sangue salta e gruda em minhas mãos. Lento. Pegajoso.

Agora, o que vou fazer com elas? O que poderão fazer comigo? O cheiro adocicado de sangue adere às narinas. Enjoa. Como esconder essas mãos? Como lavá-las? A água aqui é podre, é lama.

Tudo aqui é podre, sob essa chuva gordurosa que não cessa. O tenente está morto. Tudo se dá em minutos: a vida é assunto frágil em qualquer tempo, mais ainda em tempos de guerra. Aparentemente, os que se moviam contra nós tomaram uma trilha errada serra abaixo que os afastou do jequitibá onde nos encontramos.

(A faca fria das palavras me percorre o corpo de dentro pra fora: o corte oculto das palavras. Sinto o sangue das palavras que a pele não denuncia: vaza por dentro. O fogo das palavras, esse queima por dentro, asfixia por dentro: o que ocorreu aqui? Uma execução? Um assassinato? Que diferença faz? A morte do tenente significou de fato nossa sobrevivência?)

Sem pena e sem bulha, além da respiração ofegante, desatar os cadarços, tomar-lhe os coturnos e cuidar de sepultá-lo. Cavar com as mãos – como as garras de um animal – até sangrar os dedos, a cova rasa entre as raízes mais tenras, aqui por perto. Cerro os olhos do cadáver, cubro-lhe o rosto para evitar os olhos fixos nos meus, furando meus olhos como faróis de espanto. Contemplo minhas mãos sujas de sangue e agora de terra úmida, de folhas podres, fungos, visgo, matéria decomposta pelo trabalho incessante dos vermes, lama. Não distingo a pele até há pouco clara, macia, como as mãos de um homem comum. O que sou senão um homem comum? Não, já não sou homem comum. Sou um homem que matou um homem que era meu prisioneiro. Tenho as mãos sujas de sangue e não há como lavá-las.

Tudo aqui é úmido. Gruda na pele. Sob a cobertura baixa e densa de quaresmeiras e manacás, mais altas dos paus-ferro, imbaúbas, angicos, ipês, caviúnas, jacarandás, maçarandubas, todos: musgos, plantas, pássaros, serpentes, cupins albinos, formigas, lesmas, bichos miúdos e nós disputamos réstias de sol ralas, fugidias. Quando vazam, ainda que por instantes, o teto cinza da chuva. Somos um pequeno grupo de homens, esfarrapados, famintos, sustentados há semanas por palmitos de juçara.

Um jequitibá vermelho suspende o teto vegetal que nos recobre e abre em volta do tronco o espaço onde armamos o bivaque. Alguns dos nossos perderam os sapatos, apodrecidos pela umidade. Chove nas folhas, chove nas roupas, chove dentro da alma. Aprendemos nas primeiras lições do treinamento que a primeira guerra a vencer é contra a natureza... se alguém sobreviver, vai se ver agora com o desafio de escapar ao cerco dos meganhas que se fecha sobre nós. O PO alerta sobre nova aproximação.

Alguns já perderam os sapatos. Um deles ganha o par de coturnos do tenente. Guerrilheiro sem sapatos não prospera. Se eles são mil e quinhentos só nessa frente, temos onde buscar os coturnos que nos faltam: nos pés dos meganhas que nos empurram contra a pirambeira. Mil e quinhentos meganhas trêmulos de medo espalhados em pequenas patrulhas pelas encostas, bloqueando o acesso às estradas e vilas. Não será fácil escapar daqui".

Talvez tenha ouvido esse relato da boca de um sobrevivente, dentro da cela três do quinto presídio por onde passamos, alguns anos depois, quando o delírio já havia devorado de sua mente os reflexos do inóspito território da realidade em que algum dia se moveu.

II.

EMBOSCADAS

"Dias antes passáramos por Barra do Areado. Apesar do nome bonito, Barra do Areado é uma biboca escondida entre as dobras do relevo coberto pela Mata Atlântica. Nos apresentamos como caçadores e alugamos um caminhão para chegar até Eldorado. Outra biboca. Maior. Um fim de mundo. Fomos denunciados pelo filho do dono do veículo alugado – mal-agradecido! foi pago por antecipação... – e enfrentamos um tiroteio em plena praça de Eldorado. Mesmo com um dos militantes feridos, conseguimos fugir em direção a Sete Barras. Ao chegarmos às proximidades do Ribeira do Iguape, fomos surpreendidos por outro pelotão de 38 soldados. Não podia haver vacilação. Da carroceria do caminhão, abrimos fogo contra o transporte da Polícia Militar. Com uma rajada de FAL partimos em dois o veículo. Capturamos 18 meganhas surpreendidos. 10 deles feridos. Os demais se evadiram. Não cabia mais dúvida: algum dos

nossos havia caído nas cidades e abrira informações sobre o campo de treinamento. Já não era possível retornar. O treinamento deixara de ser treinamento. A guerrilha começara.

Nosso comandante propôs ao Tenente Alberto Mendes Júnior: aos guerrilheiros cabe cuidar dos feridos e não realizar execuções. Cuidamos. Em contrapartida, o tenente deveria levantar o bloqueio em Sete Barras para que pudéssemos escapar. Mendes, perante sua tropa, se comprometeu a cumprir os termos da rendição. Afastou-se em busca de transporte para os feridos. Voltou depois de algum tempo numa viatura. Despachamos os feridos. Retivemos o tenente. Ele garantiu que não haveria bloqueio em Sete Barras. Houve. Não cumpriu o acordo.

Prosseguimos a pé, o tenente abrindo a fila indiana, sob a mira de um FAL, advertido: 'se houver outra emboscada será o primeiro a tombar'. Escapamos com ele por uma vertente da serra. Dois companheiros se extraviaram. Talvez tenham sido capturados. Talvez tenham se evadido. A vida é assunto frágil em qualquer tempo, mais ainda em tempos de guerra...

Estávamos perigosamente próximos da tropa. Mais um pouco e poderíamos ouvir-lhes as vozes. No corre-corre da fuga fomos beneficiados pela confusão e pelas trapalhadas dos comandos que nos cercavam: julgando saber nossa posição, soldados da PM abriram fogo contra uma cabeça de morro a oeste. Por ali se movimentava às cegas, aparentemente sem mapas, uma patrulha do exército. Alvo dos disparos, a patrulha retribuiu na mesma medida com armamentos mais modernos e com maior poder de fogo. Não economizaram munição. Deixamos para trás o cadáver do tenente, sepultado em cova rasa, e nos afastamos serra acima, ouvindo aliviados a troca de tiros entre eles. Fizemos ali uma tradução livre do antigo fundamento da guerra de guerrilhas: 'Quando o inimigo ataca, nós recuamos, quando o inimigo recua nós atacamos'. Adaptado para as condições brasileiras, ficou assim: 'Quando o inimigo ataca nós recuamos. Quando o inimigo recua... nós respiramos aliviados...' Para nossas circunstâncias naquele momento, foi o melhor que podia acontecer". Capturei em seus olhos um lampejo enigmático – uma furtiva alegria, talvez – quando concluiu, não sem esforço, esse relato impreciso que tranquei comigo sem anotações.

III.

EVASÃO

Vagaram ainda por aquelas encostas até final de maio sob o cerco. Protegiam-se em grutas, cavernas. A região é pródiga em cavernas de calcário. Por fim, depois de dias de observação, num lance de sorte, emboscaram um caminhão da Intendência, menos protegido, que circulava para abastecer de água as patrulhas acampadas nas proximidades. Bloquearam com pedras e armas engatilhadas a passagem do veículo. Prenderam o condutor, dois soldados e um sargento. *"Tirem a roupa. Rápido. Você também, gordo! Não temos tempo a perder! O primeiro que gritar morre!"* Depenados, assim de cuecas, com as mãos na cabeça, trêmulos de medo e de frio, não formavam uma unidade de combate que merecesse distinção por heroísmo. Foram estendidos na carroceria, atados um ao outro debaixo da lona, ao lado dos tambores de água que transportavam. Sob a mira de pistolas Mauser 45 empunhadas por seus captores.

Envergando os uniformes dos prisioneiros e, de posse da senha por eles informada, tomaram o rumo da metrópole. Interpelados pela patrulha armada na curva de uma vicinal sem pavimento, reduziram a marcha do veículo e gritaram a senha. Expectativa, silêncio, troca de olhares entre soldados e cabos. Pararam o veículo. Diante da dúvida, repetiram a senha e Rogério gritou *"Ordem do Coronel!"* Mais alguns segundos, os recrutas afastaram os cavaletes e abriram a passagem. Sem um único tiro os guerrilheiros sobreviventes iludiram o cerco e atravessaram a última barreira da polícia.

Ainda se passariam vários dias de ocupação e patrulhamento da área, até que o comandante do campo de treinamento avisasse por um comunicado da organização guerrilheira que tropas do exército brasileiro e da PM de São Paulo se empenhavam na busca de um grupo de combatentes no Vale do Ribeira que há dias já não se encontrava por lá. Uma derrota humilhante.

Foi capturado no Sul, meses depois. E viu-se algemado diante de um grupo de valentes com disposição para esfolá-lo vivo. Trancou-se na indiferença à dor que com certeza o levaria a uma morte rápida, supôs. Nem foi rápida, nem foi fatal. Abandonou o corpo à selvageria dos interrogadores até que só restasse a carcaça devorada de sua mudez. Não lhe arrancaram uma única informação. Não caiu ninguém depois de sua queda. Inexplicavelmente alguém deteve aquele massacre que o levaria à morte, como desejava: uma a mais. Subterrânea, perdida na extensa lista de assassinatos.

Sobreviveu, talvez para ser oficialmente condenado à pena de morte, cumprindo assim o ritual da tirania, imposto no ano anterior e ainda não utilizado. Como um emblema para desestimular na juventude outras aventuras rebeldes.

IV.

AS MÃOS SUJAS

As mãos. A dor das mãos. As mãos crispadas contra o próprio corpo durante o sono. O sono assim é sempre um sobressalto. As mãos autônomas que obedeciam a um governo próprio, movidas pela energia funesta de Thanatos. As mãos sujas de sangue. Sujas há muitos anos.

Acusou ao longo da pena uma doença que escapava a qualquer diagnóstico. As mãos cresceram fora das proporções: assim ele as via, inchadas, enormes no escuro da cela. Os ossos dos dedos adquiriram o peso dos metais. Pareciam de chumbo, assim os percebia. Dobrado sobre si mesmo durante horas contemplava as mãos disformes, carregadas de culpas. É possível supor que dialogava com elas e num murmúrio, repetido como reza, buscava exorcizar seus demônios:

(Não se executam prisioneiros. É a regra da guerra. O que significa executar um prisioneiro em nome da refundação da sociedade, em nome de uma utopia de justiça e liberdade? Em nome de qualquer utopia? Que utopias autorizam execuções? Que sociedade pode nascer de um parto que despedaça a cabeça dos inimigos? O que ocorreu ali? Uma execução. Um crime de guerra. Sou um revolucionário ou um criminoso de guerra? Atravessei a linha entre a luta revolucionária e o banditismo? O que somos? Cangaceiros de Lampião, trinta anos depois? Qual é o código que nos guia? Como se constituiu o tribunal revolucionário? Quem outorgou autoridade sobre a vida e a morte dos capturados? Houve afinal um julgamento? Existe direito real de defesa nos tribunais de guerra?)

Para alguns, aquele era o quinto presídio por onde passávamos. As penas ali eram longas. O suficiente para compor um mapa dos hábitos e as modificações imperceptíveis que a ferrugem corrosiva do quotidiano opera sobre a rotina dos encarcerados. Notei, em silêncio, que mantinha as mãos sempre metidas nos bolsos enquanto cumpria os horários obrigatórios no pátio de sol. Suas idas à pia para lavar as mãos depois de cumprimentar alguém se tornaram, com o tempo, mais assíduas. Reagia ao contato físico com repugnância. Qualquer contato. Como se o contato das mãos de quem o visitava aos sábados contaminasse suas mãos enormes, pesadas, polidas inutilmente na solidão, ao longo da semana. Um contato indesejado que as contaminasse com a sujeira da cidade, com a sujeira da vida.

V.

UMA GAIOLA DENTRO DO PEITO

Foi condenado à morte. Teve a sentença depois comutada para prisão perpétua e mais tarde, quando o conheci, reduzida para trinta anos. Foi libertado nove anos depois, quando a tirania agonizava. Carregava uma gaiola dentro do peito. Irremovível. Levou-a consigo para o que imaginava ser a liberdade. Conviveu com ela como uma chaga de arame sangrando. Noite trás noite de insônia. A parceira que encontrou para acompanhá-lo e abrandou sua existência sobre a terra, era uma sombra atarefada. Às voltas com notícias de lutas pela reparação. Reuniões com famílias de ex-condenados, de desaparecidos: sopravam chamas indecisas, expectativas remotas de reparação num país que sequer levou a julgamento seus torturadores. Absolveu-os de antemão.

Ao contrário do que imaginava, um dia chegou o convite para que oferecesse seu depoimento a uma comissão do

Estado. Era a condição para receber o benefício num momento de penúria: relatar, contar a sua verdade. Foi como subir ao patíbulo de onde escapara pela porta do silêncio. Foi como sentir de volta a faca das palavras que cortava de dentro pra fora, sem que a pele desse notícia do sangue vazado sobre a razão de suportar aquele tormento. Gotejando dia e noite como um veneno.

EPÍLOGO

Vinte anos depois. A luz escassa não deixa distinguir mais que dois vultos ofegantes. Um vulto ofegante, talvez. Movimentos de luta, de força contra força. Como se dois homens tivessem jurado matar-se sem ruído. Um homem só tivesse algum dia jurado matar-se sem ruído. Apenas ele, sua morte e a solidão, por fim, absoluta. Um corpo pendular suspenso na madrugada de um dia interditado. Impedido de amanhecer.

Brasília, novembro de 2018.

OS OSSOS DO RIO VERDE

PARA ANTÔNIO CARLOS MOURA, VILMAR ALVES, ANTÔNIO CARLOS FON, MARTA REGINA E GUARÁ, JORNALISTAS.

I.

A MÁQUINA SE MOVE

Desperto com o alvoroço. Um sobe e desce incomum na escada que dá acesso às salas da equipe de análise e do comando, logo cedo, nesta manhã de maio de 1973. Da grade do X-2, onde me encontro, não é possível ver o que se passa, mas dá para adivinhar. Daqui a um mês, conto um ano de cárcere, tempo suficiente para aprender alguns sinais. Prenúncio de novas quedas, imagino.

Mais meia hora de movimentação e Lunga, o carcereiro que entrega o turno, atravessa, apressado, a frente da minha cela. Abre com ruído a grade do X-3 e volta com um preso encapuzado. Percebo que se move com dificuldade. Deve se tratar do "Índio", se não me enganam meus ouvidos, isolado desde que chegou. Submetido a interrogatórios selvagens há muitos dias. Às vezes retorna na maca envolto no cobertor verde-oliva que todos conhecemos. Deve ser um preso precioso: um médico acompanha as sessões para mantê-lo vivo. Funciona assim: quando o interrogado perde os sentidos, sob a pancadaria e os choques elétricos, ele está ali. Afere a pressão, dá um tempo... reanima e avisa: *"Pode prosseguir, ele aguenta"*. Ou manda suspender e o infeliz é devolvido para a cela até o dia seguinte.

Acuso um espinho ambíguo, no lado esquerdo da respiração. De ponta dupla. Incômodo e gratificante. Observo, desde que voltei em fins de março, essa máquina de moer carne. Seu repouso, seu movimento. E me dou conta de que suas peças, soltas à primeira vista – quando azeitadas pela vontade, pelo método e pelo rito – se encaixam. Cada uma delas isolada se move sem ter noção exata do objetivo. Obedece mecanicamente ao impulso, ao comando: cumpre. Carcereiros, guardas, interrogadores mobilizados mais cedo, cada um traz de casa misturados na bagagem os ódios miúdos, fantasmas, invejas, desejos, desenganos, cumplicidades, suas escassas convicções políticas. E um sentido profissional canino. Afinal, por ele foram convocados para servir aqui.

Cassetetes, cavaletes, canos, capuzes, cadeiras do dragão, seringas, ampolas de *pentotal sódico*, máquinas à manivela próprias para ministrar choques elétricos, tudo à mão. Quando a engrenagem roda, faz girar uma cadeia de lealdades soldada em cada equipe nas salas revestidas com isolantes acústicos, nos passeios noturnos, nos fuzilamentos simulados ou realizados, nos requintes. *"Você não vai mais precisar dessa unha..."*, nas vinganças, nos pactos de silêncio ou de morte.

A sensação equivale a uma vaidade. Vaidade por si mesma torta e inútil: *sou capaz de decifrar os meios e os métodos que vocês utilizam...* Orgulho vão de perceber os movimentos da máquina que seus próprios componentes não percebem. E ambos – a vaidade e o orgulho – anulados por uma absoluta impotência para detê-la. A máquina da morte, de certo modo, me incorpora. Faz de mim, à minha revelia – olho aceso na sombra da cela, que testemunha e desvenda – parte de sua própria engrenagem. A máquina, em certos momentos, quando ganha impulso, não conta com um dispositivo de suspensão. Uma alavanca de freio. Um botão *stop*. Então, recorre a uma *Omertà* própria, lança mão de um manto de silêncio, elabora labirintos narrativos para proteger-se de si mesma.

Algumas horas mais tarde, a algaravia de gritos e xingatórios, baques, chutes, porradas antecipam a entrada de um grupo grande que não cabe nas salas de interrogatórios e vaza para o pátio. Rostos aterrorizados de adolescentes: não há capuz para todos. Alguém logo sugere despi-los das camisas e cobrir--lhes os rostos. Dispostos lado a lado, cabeça para baixo, mais de uma dezena deles: *"Mãos na parede!"* – no muro que divide o pátio interno – *"Pernas afastadas! Boca fechada! Olhando pro chão! Quero ouvir mosca voando!"* Devem ter invadido uma sala de aulas na universidade... Liberados ao fim do dia. Deles, três ou quatro permanecem detidos. Penso no efeito sobre a escola e as famílias. Os efeitos da produção industrial do medo.

Algo me escapa dos movimentos da máquina: anoitece no inferno. O Índio não retornou.

II.

DELÍRIOS

Por alguns dias, o ritmo da máquina arrefece e se põe a triturar os remanescentes das quedas dos estudantes. Os que foram retidos pela malha fina da operação anterior. Numa cela que antes abrigava quatro detentos, estão amontoados dezesseis. Entre eles, dois ou três combativos militantes de uma denominação trotskista. *"Companheiros! Não podemos deixar de celebrar o 1º de maio, Dia Internacional dos Trabalhadores!"*, convocam. Fazemos um círculo, mal acomodado no espaço exíguo, sentados nos colchões. E nos preparamos para ouvir a fala dos recém-chegados. Para mim, tudo que trouxerem nos seus veementes discursos, será novidade. Estou há um ano sem ler jornais. Exceto a página de anúncios fúnebres que os carcereiros deixam cair alguma vez, quando terminamos as tarefas da limpeza das celas... para embalar o lixo.

Como é da tradição, ouvimos um vasto panorama da situação internacional: os estados proletários, os desafios dos estados revolucionários, a crítica aos estados burocráticos, os avanços dos povos em luta pela libertação nacional na África, na Ásia e na América Latina e a crise terminal do imperialismo ianque... Tudo muito animador... Ouço essa arenga desde que ingressei na esquerda. Não mudamos muito no último ano, constato. Depois da minuciosa exposição – aqui o expositor pode ser minucioso o quanto quiser – ninguém vai se retirar do auditório... Começa, por fim, a análise da conjuntura nacional. Ouço com alguma surpresa e o ceticismo dos ignorantes ou dos alienados: *"Camaradas! A ditadura está acuada!"* Não haverá um certo exagero? Olho com espanto os rostos à minha volta. Essa frase está sendo proferida em maio de 1973. Em pleno governo Médici. Um governo aparentemente sólido... Embalado por canções que repetem à exaustão *"Eu te amo, meu Brasil, Eu te amo!"* Arrisco uma pergunta: *"Companheiro, me permita, se a ditadura está acuada e nós estamos aqui, no fundo de uma cela, no DOI-CODI do II Exército, o que vai ocorrer conosco quando ela avançar?"* Desarrumei o discurso do orador. Colhi alguns risos de criança na vertigem do trem fantasma. A partir dali, não foi mais possível para ele manter o tom solene, carregado de certezas e convicções. O discurso murchou. Minha pergunta, desafortunadamente, encerrou a celebração do 1º de maio...

Volto à grade do X-2 e contemplo o pátio vazio: anoitece no inferno. O Índio não retornou.

III.

O TEMPO CIRCULAR

Aqui o tempo é infinito e circular. E se move devagar. Não sei se avanço ou se recuo. Tenho, com frequência, a impressão de acordar no dia anterior...

Ao lado direito da cela quadriculei, nas últimas semanas, no chão, próximo à grade, as 64 casas de um tabuleiro de xadrez. Com auxílio de giz. O negro Eduardo, talvez seja esse seu nome, me conseguiu dois bastonetes. Soldado PM, Eduardo dá plantão de vez em quando. Não é regular sua passagem por aqui. Imagino cobrir ausências eventuais. Em conversas regradas, econômicas, percebi um fio de simpatia. Pedi e ele trouxe o giz numa manhã. Com a massa de miolo de pão, papel higiênico e restos de folhas de jornais economizados na hora de embrulhar o lixo, modelei as 32 peças. Serviço de preso. De quem tem todo o tempo do mundo. Dar forma às torres, cavalos, bispos, damas, reis e peões. Um tanto estilizados, reconheço. Às vezes se torna difícil distinguir um bispo de um peão... Não faz mal, sempre é mais um apelo à imaginação. Concentrar-me para dar forma aos dias e às noites no tabuleiro. E preencher o tempo movimentando as peças contra algum parceiro eventual e sempre contra a morte quotidiana do cérebro, salgado pela umidade corrosiva do tédio e do medo.

Fim de tarde. Fábio Jamanta: jovem, enorme, cento e vinte quilos de autossuficiência. Chega malhado a cassetete, com marcas avermelhadas no lombo, esfolados, sangrando nas dobras dos cotovelos e joelhos. Alguém saiu de si e aplicou-lhe um trompaço no olho direito. Está roxo. Em geral não fazem isso. Não deixam marcas visíveis. Esse vai ficar privado de visitas até desaparecerem os hematomas.

Trazido pelo carcereiro, reproduz ao entrar uma atitude arrogante contra quem já se encontra na cela. Como se quisesse disputar algo. Impor-se. Uma surrada tática de autodefesa de alguém que já leu alguma página sobre a vida em penitenciárias. Fala alto para impressionar quem já deixou de ser impressionável: *"Tenho família! Não sou um Zé Ninguém! Vou mobilizar juízes, contatos na Aeronáutica! Não vou ficar muito tempo nesta merda!"* Vira-se para nós: *"Quem é que manda aqui?!"*, esbraveja. *"Cala a boca, estúpido. Seus inimigos não estão aqui dentro. Quem te cobriu de pancada está lá fora. Deita naquele colchão e dorme. Daqui a pouco eles voltam".* Recolhe-se. Uma sombra de medo atravessa seus olhos.

Ele dorme quando chegam para o *repique*[1]. Abrem a grade e o arrancam da cela, sem muita cerimônia. A noite será longa. Daqui, é frequente ouvirmos os gritos, os períodos de silêncio, o recomeço. Hoje, estão mais nítidos, não fecharam a porta da sala revestida com placas isolantes de "Eucatex". Já não se importam com a vizinhança. Nova pancadaria, gritos, intervalos mais longos, mais breves. Permanecemos em vigília. Ninguém consegue dormir. Já é madrugada quando regressa. Demolido. Estendido no colchão repete frases desconexas. Como se os fantasmas dos inquisidores tivessem entrado com ele na cela e prosseguissem o interrogatório. Vai e vem, entre sustos, coices, sobressaltos navegando num pesadelo, a descrever parábolas incompreensíveis. Mas sempre retorna aos álbuns de fotografias. O álbum dos procurados e o outro: macabro, com rostos deformados pela selvageria dos espancamentos, troncos, corpos costurados com sovela de sapateiro, fotografados depois da autópsia, todos aqui conhecemos essa galeria de horrores posta diante dos nossos olhos para provocar pavor.

Quando consegue acordar, estropiado, e constatar o estado deplorável das pernas, dos braços, das pontas dos dedos queimadas pelos choques elétricos, argumenta para ninguém.

1. Repique: retorno aos interrogatórios nas salas de tortura sobre informações já tratadas.

Ninguém aqui lhe pergunta sobre nada. Só ouvimos: *"Fui atropelado por uma locomotiva. É muito pior o 'repique'. Você sabe de antemão o que vão fazer. Então sofre duplamente, porque já conhece o que te espera e minutos depois, o corpo confirma que não será diferente. Não fui capaz de suportar. Apontei o dedo para uma fotografia no álbum dos vivos. Eles já tinham a informação. Precisavam de uma confirmação, não sei"*, justifica para si mesmo.

Anoitece no inferno. O Índio não retornou.

IV.

UM HOMEM RESIDUAL

Regressou. Sustentado por dois PMs de uniforme azul-escuro, o Índio regressou. Sem capuz. O rosto adquiriu a cor opaca da cortiça dos troncos retorcidos dos cerrados de onde vem. Contrasta com a barba branca. Um espectro, no fim da tarde. Talvez seja a luz escassa que me serve para distinguir a passagem do seu vulto diante da cela. Um homem dobrado.

Adivinho, com os precários instrumentos que me guiam: *seria melhor o Índio não ter voltado...* Cada vez que passa, encolhe. Volta menor, gasto, roído pelo cupim das palavras proferidas sob o impulso do medo... O medo da dor. Já quase não há interrogatórios. E quando há, são breves. Sem pancadaria ou gritos. E ele regressa curvado, sem fitar ninguém. Exceto os buracos que cavou dentro de si mesmo.

Enumero seus vazios: os cabelos o abandonam, o olho se perdeu do ofício de enxergar, o braço esquerdo inútil, o coração mal bate no peito. Imagino ter escolhido se despedir do que foi um dia. Afastar-se da condição de pessoa, para assumir esse tom sépia, esmaecido, sem contorno. Espelho que captura uma estrela morta. Um homem residual... se deixa converter em sombra, mais tarde já nem sombra projeta, despedido de toda substância.

Permaneci ainda alguns meses naquela estação do inferno, até ser removido para outra: um navio negreiro em terra, ancorado na Rua do Hipódromo, nº 600, na Zona Leste. Não voltei a vê-lo. Talvez tenha se dissolvido como uma antiga fotografia na parede, sob a ferocidade da luz...

V.

O OITAVO HOMEM

Quando a equipe de jornalistas, anos depois, se aproximou dos documentos e do testemunho das raras pessoas que souberam da chacina de 17 de maio de 1973, pudemos recompor o que teria ocorrido na Fazenda Rio Doce:

"Eles eram sete. Sete sombras cercaram o rancho na baixada que dava para o riacho. Um refrigério de água limpa dividia a Fazenda Rio Doce com a propriedade de 'trabanda'[2]. Madrugada alta. Eles chegaram em modos de caçada. Cheirando a pólvora. Com arma grossa". A voz de Eurípedes vestida com o sotaque peculiar da gente dos cerrados férteis do sudoeste goiano, arrasta, mas não tergiversa. Deixa pouca margem para dúvidas: *"Fecharam em volta do rancho igual o fundo de um garrafão. Não tinha como. A morte*

2. Trabanda: expressão dos camponeses goianos para designar terras lindeiras. Divisa entre propriedades.

armada cercava de todo lado. Pode ser que havia a presença de um oitavo homem, se tinha ficou dentro da Veraneio. O vulto". E arremata: *"Neusa e Raimundo acordem para morrer! Isso eu ouvi. Depois foi só tempestade".*

Outro relato tardio, talvez mais preciso, me informa que o sinal foi dado por um disparo de bazuca antitanque 60 milímetros que pôs abaixo metade da parede lateral. E o estrondo das *shotguns,* calibre 12, cano cerrado. Seguiram-se descargas curtas, mastigando barro, madeira, palha de babaçu, mesa, tamboretes, a cama, um grito de mulher e a carne dos corpos. No quarto demolido pelos disparos, o colchão ordinário repicado, encharcado com o sangue de Neusa. Um deles se curvou com uma fotografia nas mãos, acendeu um isqueiro, iluminou o rosto, ergueu-se, afastou as pernas sobre o que restava de Raimundo, estendido nos escombros da cozinha, para o gesto final: a cabeça apartada do corpo com uma descarga de submetralhadora *Beretta,* 9 milímetros.

Depois, a perícia, o exame dos corpos destroçados e a ordem de enterrá-los por perto, sem cruz, envoltos em lençóis para que não escapasse nenhum fragmento, ou sinal do que ocorrera ali e o silêncio do cerrado se encarregasse deles. Recobrisse com sua lápide de séculos, chuvas e raízes, quaisquer vestígios da madrugada selvagem de 17 de maio.

Haviam desembarcado há poucos dias. Duas semanas, se tanto.

Mal organizaram o indispensável para fazer subir fumaça da chaminé... Uma mesa, quatro tamboretes rústicos, assentos de couro cru, comprados no comércio. Estiveram entregues à montagem do que deveria ser um lar de rendeiros ou parceiros. Não se davam conta do quanto eram diferentes do que pretendiam parecer aos olhos de todos? Pele clara, mãos finas, distantes do couro curtido pelo sol e pelas mãos lavradas pelo trabalho da terra daquela gente que os cercava e os fitava em silêncio? Teriam vencido o cansaço, depois de uma jornada extenuante, para tocar-se e acender as fogueiras do desejo? Teriam se amado até à exaustão na noite que precedeu a morte? E se abandonado à reparação do sono sem cuidar dos movimentos da máquina que se movia contra eles? Que chance tiveram até ouvir o anúncio irrevogável: *"Neusa e Raimundo acordem para morrer!"*.

VI.

EPÍLOGO

Foram condenados à prisão depois de mortos.

Num país onde os mortos são condenados a cumprir pesadas penas de prisão, não se questione o narrador quando propõe a implacável decomposição de um homem que, ao fim de sua delação, já não é capaz de projetar a própria sombra e vai sendo devorado pelo sol e pelo olvido...

A investigação dos jornalistas, sua perigosa aproximação dos fatos, levou à violação dos túmulos pelos próprios autores da chacina: um crime para apagar os rastros do crime anterior, imperfeito. Também este deixou vestígios. Obras humanas, é do destino dos crimes serem imperfeitos.

Assim, sabemos hoje que havia dentes, fragmentos de ossos dispersos sem o crânio para lhes dar sentido e nome. Como num pesadelo circular, a sucessão de cinco séculos repisa ao fim de cada levante, de cada revolta, sua sentença: a cabeça de Zumbi dos Palmares foi exposta no Largo do Carmo, no Recife, em novembro de 1695. Assim na Conjuração de Vila Rica, em 1792. E o foi em Canudos, em 1897; ou nos Angicos, em 1938. E repetiu-se na madrugada de 17 de maio de 1973, na Fazenda Rio Doce, o macabro ritual de apartar a cabeça do corpo. Como se com ele evitassem a ressurreição dos insubmissos...

Brasília, dezembro de 2018.

DOI-CODI
SENHOR DEUS
DOS DESGRAÇADOS
DIZEI-ME VÓS,
SENHOR DEUS
SE É DELÍRIO
OU SE É VERDADE
TANTO HORROR
PERANTE OS CÉUS?
Castro Alves
NUNCA MAIS
1985
A VERDADE
AINDA QUE TARDIA
DODORA

NOTÍCIA DE VIDA DE PEDRO TIERRA

Pedro Tierra (nasceu Hamilton Pereira da Silva), filho de Sabino Pereira da Silva e Ana Costa Pereira. Retirantes piauienses que escaparam da seca e da cerca, nos anos 1930. Casado pela segunda vez. Nasceu em 6 ou 26 de julho de 1948, há controvérsias, em Porto Nacional. O umbigo foi enterrado no oitão da casa. Sobre isso não há controvérsias. O que faz dele um homem votado à terra. Tem o segundo grau completo, não frequentou a Universidade porque a polícia chegou antes do vestibular. Viveu em seminários católicos e prisões. Nos seminários católicos quando não tinha o uso da razão. Nas prisões, quando adquiriu-o... lutou contra a ditadura numa organização proscrita, a Ação Libertadora Nacional (ALN). Cumpriu cinco anos de cárcere, entre 1972 e 1977. Libertado vivo, aos 28 anos, contribuiu para fundar sindicatos de trabalhadores rurais país afora.

Atuou durante alguns anos no Conselho Indigenista Missionário (CIMI) e na Comissão Pastoral da Terra (CPT), organismos da Conferência Nacional dos

Bispos do Brasil (CNBB), ao lado de D. Tomás Balduíno. Em 1983 tornou-se o primeiro secretário geral da Central Única dos Trabalhadores (CUT) em Goiás, onde vivia. Colaborou, desde os primeiros passos, com o Movimento dos Trabalhadores Rurais Sem Terra (MST). É militante do PT desde sua fundação.

Em 1996 compôs a primeira Diretoria da Fundação Perseu Abramo (FPA). Em 1997 foi convidado pelo então governador do Distrito Federal, eleito pelo PT, para dirigir a Secretaria de Cultura do DF. Foi coordenador de Cultura na campanha de Lula à Presidência da República, em 2002.

Em abril de 2003 assumiu a presidência da Fundação Perseu Abramo. Em junho de 2007 aceitou o convite para compor a equipe do Ministério do Meio Ambiente (MMA). Nesse período, como Secretário de Articulação Institucional do ministério, coordenou a III Conferência Nacional do Meio Ambiente. Em seguida foi convidado para a Assessoria Especial da Agência Nacional de Águas (ANA). De 2011 a 2014 reassumiu a Secretaria de Cultura do Distrito Federal, durante a gestão do Partido dos Trabalhadores. De 2015 a 2018 foi secretário da Comissão de Direitos Humanos da Câmara Legislativa do DF. Desde 2023 assessora o Ministério dos Direitos Humanos e Cidadania (MDHC). Poeta. Firma seus poemas como Pedro Tierra, desde o primeiro livro. Títulos publicados: *Poemas do Povo da Noite* (Menção Honrosa da Casa das Américas), Havana, Cuba 1978; *Água de Rebelião*; *Missa da Terra sem males* (em parceria com Pedro Casaldáliga e Martin Coplas); *Missa dos Quilombos* (em parceria com Pedro Casaldáliga e Milton Nascimento); *Inventar o Fogo*, *Passarinhar*, *Dies Irae* e *O Porto Submerso*. Na Alemanha teve publicada a antologia de poemas *Zeit der Widrigkeiten*, Edition Diá, 1990, reeditada pela Geração Editorial e lançada em 2014, na Feira de Frankfurt que homenageou o Brasil. Em 2016, ao lado de oito companheiros ex-prisioneiros políticos, publicou *A Repressão Militar-Policial no Brasil (o livro chamado João)* pela Expressão Popular. Suas obras estão traduzidas para o italiano, espanhol, francês, inglês e alemão. Durante oito anos foi presidente do Conselho Curador da Fundação Perseu Abramo.

Brasília, 2019.

O livro *Pesadelo - Narrativa dos anos de chumbo* foi impresso
na gráfica Graphium para a Fundação Perseu Abramo.
O texto foi composto na fonte Adobe Garamond Pro, em corpo 12,5/18,5.
A capa foi impressa em papel Supremo 250g e
o miolo em Avena soft 80g.